The Members of
CAS & CAE

怎样读书与做学问

How to Study and How to Research

（下册）

方正怡　方鸿辉　编

上海科学技术文献出版社
Shanghai Scientific and Technological Literature Press

图书在版编目（CIP）数据

院士怎样读书与做学问 . 下册 / 方正怡，方鸿辉编 . 一上海：上海科学技术文献出版社，2017
ISBN 978-7-5439-7285-8

Ⅰ . ① 院… Ⅱ . ① 方…② 方… Ⅲ . ① 院士一生平事迹一中国一现代 Ⅳ . ① K826.1

中国版本图书馆 CIP 数据核字 (2017) 第 006839 号

责任编辑：石　婧
封面设计：金一哲
排　　版：王　薇　娄一洁

院士怎样读书与做学问（下册）
方正怡　方鸿辉　编
出版发行　上海科学技术文献出版社
地　　址　上海市长乐路 746 号
邮政编码　200040
经　　销　全国新华书店
印　　刷　常熟市人民印刷有限公司
开　　本　890×1240　1/32
印　　张　8
字　　数　186 000
版　　次　2017 年 5 月第 1 版　2017 年 5 月第 1 次印刷
印　　数　1-4 300
书　　号　ISBN 978-7-5439-7285-8
定　　价　38.00 元
http://www.sstlp.com

读书与做学问

（代　序）

严济慈

　　治学也就是做学问，"做"者，从事也，实践也。通俗地说，就是"干"。因此，治学并不神秘，它和种田、开汽车一样。"做"是平凡劳动，但要做好学问，其中却大有学问，这就涉及工作者的素养。

　　青年同学经常问起，怎样才能学好呢？大学毕业后要达到什么程度呢？这一系列问题，概括起来就是青年应该有哪些读书与做学问的素养。

　　在短暂的五年大学生活中，抓紧时间求得丰富的知识是十分重要的，但更重要的是要培养自己的科学素养：治学态度、方法、途径和工作能力。其中，治学态度和独立工作能力又是根本之根本，是大学毕业时衡量收获多少之准则。

严济慈院士

一、踏实和勤奋

　　文有文风，学有学风。"风"者，习惯也。学风有学校的学风，也有个人的学风。认真踏实和勤学好问就是科学工作者的正确学风。大学里每位同学应该养成自己具有这种良好的学风。

培养自己的学风，首先应对所从事的事情，大至所开创的学派，小至繁琐的实验，都要有踏实认真的态度。科学是"老老实实"的学问，来不得半点投机取巧。规律是客观存在的真理，绝不能"想当然"。治学的对象既是科学，是客观规律，更不能马虎了事。治学中最忌对知识模棱两可，不懂装懂。孔子曰："知之为知之，不知为不知，是知也。"就是说，自己知道就是知道，不知道的就要老老实实地承认不知道，不要自欺欺人。只有这样，才能永远清醒地看到哪些是自己知道的，哪些自己还不知道，才不至于盲目乐观或者悲观丧气，才能求得真知。不知道并不可怕，通过学习就能知道。人生在世，永远有不知道的东西，也永远要学。所以我们要"活到老，学到老"。

"学"的第一步就是"学问"。"学问"者，顾名思义是"一学二问"。"学"，就是要向一切人学，从一切事物中学。向老师学，向同学学；从书本中学，从实践中学。"问"，先要问自己，这是独立思考；然后再求问别人。勤学好问是做学问者应具有的学风。懒学好问和勤学不问都不是治学应有的态度。

在校青年可分为三类：其一是学习成绩优秀者，其中有些同学认真踏实而不善于问，有些同学虽勤学好问但不够踏实，而有些同学则认真踏实、勤学好问二者皆备，也有些则对专业兴趣不浓者；其二是学习一般，其中有基本概念清楚而作业马虎的同学，也有概念不清楚但作业认真踏实的同学；其三是学习成绩差一些，这其中有学习不抓紧不下苦功的同学，也有因基础差或某方面有缺陷，虽用功而成绩差者。在这几类中，概念不清但作业认真踏实者，总会发现不清楚之处，慢慢会清楚起来。学习成绩暂时差一些，但有优良学风的同学，也有发展前途。成绩好的或一般的，但染上不良学风的同学，如果继续下去，将来长期内难以改正，结果害了自己，甚至会害自己一辈子。

成绩和学风哪个重要呢？不言而喻，成绩是暂时的现象，而学风是一生中起作用的长远因素。同时，两者又是密切相关的。学风好者学习绝不会太差。所以，优良的学风应作为每一位青年要求自己的重要标准。

二、能力和方法

人生难过百岁，而人类的知识遗产却浩如烟海，一个人要全部掌握是无能为力的，又何况是在短暂的五年内呢。五年所得到的知识比起一生来，仅仅是个序曲；比起全部的知识来，更是渺小的一角。企图靠大学里获得的知识一劳永逸，自然不行。知识的增长主要靠自学，大学学习只是在一生中为自学打下一点基础而已。所以，大学学习的收获也绝非只在于学了多少知识，更重要的在于是否掌握了一套自学的本领。在校学得再好，如果不会独立学习，也只能保持原来的水平；如果具有自学的能力，就能把人家的知识和经验通过自学化为己有，即使在校学得少点，工作一段时间后，知识也会丰富起来。上述两类人在校虽然从成绩看不出差别来，但一到工作岗位就能分出高低。

学习的最终目的是应用知识来创造和发展新知识，这一点做得好坏是衡量一个人能力大小的尺度，一个人对科学的贡献绝不是以他知道多少来衡量，而是以他创造了多少来衡量。人家总不是问你知道某某事，而是问你能否做某某事。一个人能力的大小一方面表现在当前的工作能力上，另一方面还表现在具有提高工作能力的潜在能力上。虽然目前的工作能力差，如果潜在能力大，可以成为后起之秀。独立工作能力是衡量一个人能力大小的重要标准。对科学青年来说，具有自学能力是起码的学术素养。

独立工作能力包括三方面：一是知识水平，二是实践经验，三是思想方法。其中最重要的是实践经验和思想方法。知识水平和实践经验是展开思路的源泉。光有知识，思路往往脱离实际；光有经验，思路往往局限于某一点，十分片面。两者都有害于正确思路的开展，限制了一个人的能力。

独立工作的能力具体地说，就是自己运用掌握的知识，在前人工作的基础上，提出问题，分析问题，从而自己能独立地解决问题。这个要求很高，但只要锲而不舍，持之以恒是可以达到的。常言道，"万丈高楼平地起"，独立工作能力也必须在大学里就要培养。在大学里，实验和作业是同学们主要的实践场所。首先应该做好实验，踏实认真地完成作业。做实验如果光重复一遍，只起了留声机的作用，得不到提高。应当从实验中培养自己的观察和鉴别能力，达到想得到的就能设法做得到，不要成了"手不释卷"想得好，而做起来却束手无策的人。

第二要培养自己独立自学的能力，这是独立工作的起点。在大学里，应该培养自己独立读书，会独立学习、会查书的本领，并且初步知道该查什么书，工作中遇到问题就能得心应手地找到有关资料，不至于逐本逐页翻阅，感到力所不能及。

第三是要善于独立思考，它与勤学好问是相辅相成的。孔子曰："学而不思则罔，思而不学则殆。"思和学应该很好地结合起来。不能"好读书，不求甚解"，或者"不好读书，但求甚解"。二者都是不全面的，各失一方。每位科学青年应该养成"好读书，求甚解"的习惯。

独立工作能力难从学习成绩看出来，应该自觉培养。光为分数而学是没有出息的。同样两个人，尽管在校成绩一样，假如一个是独立工作能力强者，一个是老师把着手教者，在工作中经过五年十年后，他们就会有显著的差别，前者一定会大大地超过后者。

三、抓得住和提得起

学习不是死记硬背，要讲究艺术。学习一门课程要"抓得住，提得起"。"抓"，是对部分知识而言，所谓"抓得住"，就是要把握课程中的精髓，善于从百十页书中用几句话来概括。"提"，是对整体而言，所谓"提得起"，就是要能找出各部分之间的联系，掌握其来龙去脉，看清问题的关键所在，才不会感到内容杂乱无章，而是有条不紊。

要做到"抓得住，提得起"，必须要"撒得开，收得拢"。就是说，要全面地认真地学习各个部分及其细节，进行分析对比，一习再习，分清主次，找出关键，融会贯通起来。只有通过三番五次的仔细考察后，思路才能灵，才会有想头，以至能用几个问题来归纳一章的内容，这才算抓住了中心。但是，撒得开并不等于眉毛胡子一把抓，而是要取其精华去其糟粕，这就如渔夫撒网，网要撒得开，才能捞到鱼。收网后，要的只是鱼，水并没有随鱼一起捞起来。我希望你们做网，绝不要做口袋去捞鱼，口袋捞鱼收不拢，即使收拢了，也把一切不相干的杂草乱石一起装起来了，最终还要花一番功夫才能检出鱼，这是事倍功半的做法。因此，"全面撒网，重点捞鱼"才是正确的方法。

把知识"抓住"和"提起"后，还要进一步做到"掌握"。所谓"掌握"，就是能把学到的知识在手中把玩，成为武器，运用自如，游刃有余。掌握运用乃是学习的最终目的。不要光顾多，学了一大堆东西，都是似懂非懂，似通不通，考虑起问题来，不是前怕狼，就是后怕虎。这些东西背在身上，反而成了累赘。再说，同样的知识在不同人手中，也不一样。犹如三国里关公的青龙刀，在关公手中能当武器，在周仓肩上就成了负担，如果放在我们肩上恐怕就会成了累赘，甚至成为祸害了。没有它，一遇到强盗也许能跑得快些，要是扛了它，只有束手待毙了。运用知识就是如此，模棱两可的知识，有了反受束缚，不敢大胆设想，没有它倒能大胆地想下去，三番五次，可能想对了。所以，求知最忌一知半解，模棱两可。

"抓得住，提得起"是治学的共同之道，而具体的治学方法可以各不相同。

四、少而精和深与广

深与广的关系同普及与提高的关系一样，要在普及的基础上提高，要在提高的指导下普及。深与广两者要在广上求深，深中求广。少而精是为了更好地达到深与广。

物理学中的许多物理量，如"功"等都是两个因子的乘积。知识与此类似，它是深与广的乘积。深而不广的知识太狭窄，恰如一条线，虽长但不成体，这样的学习者思想窄、办法少。广而不深的知识很肤浅，犹如一个面，并没有构成体，这种人看不到问题的本质。没有广的知识作为基础，不可能有很高的造诣；不深造，某一行的广也是没有丝毫用处的。这可喻作挖沟，要挖得深，就要挖一定的宽度。挖得越深，也要挖得越宽，有时挖到一定的深度后，要再深必须重新加宽。知识正是如此。科学自萌芽到今天，虽然越分越细，科目越来越多，但彼此间的相互交错和相互联系也逐渐密切。要学好某门科学，必须牵涉到其他科学。学化学的人要有一定的数学和物理学知识，学物理学的人要有一定的数学和化学的知识。特别在某点有很深的造诣，熟悉和精通的领域绝不能只局限于本行。其实，精通了一行，要再学另一行也就容易了。这就是在深的指导下求广，就容易了。我们一生中，通过学习和工作，知识会不断扩大，造诣会越来越深。

少而精是好省多快，能求得深与广的办法。首先讲求少而精，才能达到可能有益的深与广。知识日益丰富，在短短的一生中要索取某一学科的全部知识，必须去粗取精。精华对不同的专业是不同的，应该经过慎重的选择。

深与广并没有绝对的标准，是无限的。人的一生中不断地学习和实践是一个知识不断地深与广的过程，在这个过程中要进行十分艰辛的劳动，需要我们付出一定的代价，始终坚定不渝。一般地说，达到广比求得深要容易些；为了求得深，必须牺牲一点广；为了求得精，必须牺牲数量，但是它是进一步求得广和进一步求得数量的基础，二者是矛盾的辩证统一。

青年学生应该学会正确地处理深与广的关系，尽快使自己成为既有广泛知识，在某一行中也有较深造诣的工作者。

五、乐知和入迷

大凡古今中外有成就的科学家，无一不是对自己的专业有着极大的兴趣，这是他们作出成就的重要因素。孔子曰："知之者不如好之者，好之者不如乐之者。"我想，大学毕业时至少应成为"知之者"，在工作中要成为"好之者"和"乐之者"。对科学乐知，对于科学中的问题乐知，达到"入迷"的程度，要乐到"发愤忘食，乐以忘忧，不知老之将至"。对科学爱得越深，劲头就会越大，办法也会越多，问题也易被发现，成就就会大，越会感到科学不是枯燥无味，而是其乐无穷的。在校青年学生即使成绩差一点，如果深深地爱上了这行以后，一定能赶上来。

要达到"好之者"，除了要深深地爱自己的专业和真正懂得自己所从事的事业的意义外，还必须付出艰辛的劳动，要像颜回一样，"一箪食，一瓢饮，居陋巷，人不堪其忧，回也不改其乐"。至于做一名"乐之者"更是一辈子的事情，是长期艰辛劳动的结果，这不是每个人都能达到的。

在工作中和学习中能"入迷"，也要能"出迷"。身体毕竟是本钱，不能迷得连饭也不吃，觉也不睡；既不休息，也不锻炼，就会像孔子叹息颜回那样："不幸短命死矣"。这终究不是一名三好学生。也不要光迷科学而不关心政治，这样容易迷失方向。

在校青年学习任何一门课程，学完后收获大小、学得好坏是一个方面，但更重要的是你对本课程产生了爱呢，还是感到更厌烦了呢？如果大多数学生都感到热爱这门课程了，说明教师教学成功了，否则就是教师教学失败了。

科学青年一定要深深地爱上自己的专业，成为"乐之者"和"科学迷"，这是自觉劳动的基础，是作出贡献的重要因素之一。

科学并不神秘，创造并非高不可攀，它只是长期努力的结果。治学过程正如王国维先生提出的"三境界"那样：

昨夜西风凋碧树，独上高楼，望尽天涯路。（第一境界）

衣带渐宽终不悔，为伊消得人憔悴。（第二境界）

众里寻他千百度，蓦然回首，那人正在灯火阑珊处。（第三境界）

第一步是说做学问要高瞻远瞩，站得高，看得远，明了科学技术的发展情况，要树立攀登科学高峰的壮志，要有伟大的气魄。第二步是勤奋学习，始终坚韧不拔地学习着，只觉得衣带渐宽，自觉消瘦了，人憔悴了。由于是为了一个远大的理想，虽然如此，却终不悔。同学们正处于这一步。第三步下了苦功，付出了巨大的劳动后，应用知识进行研究，反复地想、算、做实验，以至千百度，终于获得了巨大的成就。

同学们，祖国的工业现代化、农业现代化、国防现代化和科学技术现代化四个现代化中，关键在于科学技术现代化。历史上，从来没有像今天这样，我国如此重视科学与技术。今天，科学技术是为人民服务的。你们掌握科学技术就意味着人民占领了科学技术阵地。国家给科学技术发展提供了无比优越的条件，指明了正确的方向，并在各方面给予最大的关怀和支持。迅速发展我国科学技术，赶上当今最先进的世界水平是"势所必为"了。有志于科学技术事业的青年们，你们都对科学技术感到极大的兴趣，考入中国科学技术大学，为祖国的科学技术事业奋战终身，乃"心所欲为"。你们年富力强有一颗赤子之心，对人民和国家交给你们的重担，又是力所能及的！我相信你们今天一定能够学好，将来为繁荣祖国科学技术和促进工农业生产作出巨大的贡献。

（本文是20世纪60年代初，严济慈院士在中国科学技术大学所作的报告）

目　录

知而不真不是真知，学而不问不
成学问。学以致用，学用结合。

做人　做学问　作贡献

陈俊武

一个人从呱呱坠地的那一天就开始他一生的旅程，将在熙熙攘攘的人类社会中留下个人的轨迹，并在广袤的宇宙内留下痕迹。

人为何而生存？人怎样生活才有意义？

有的人碌碌终生，很少思考这一问题。其实，只要学习宇宙演变和人类进化的历史就可以了解到：宇宙已存在约170亿年，地球已存在46亿年，地球出现生命已25亿年，作为高等动物的人类已出现700万年，现代人出现5万年，而人类文明史不过5000多年，现代科技和工业史只不过400年，当前高度发展的科技和现代化的生活只是近几十年才有的。

人类的进步来自生命的进化，生成了从认识自然到改造自然的巨大本领，出现万物进化过程中前所未有的飞跃。人的生命的延续与知识的积累和继承，使人类很快摆脱消极地依赖自然与适应自然的局面，这是人类的骄傲。我们有幸作为人类的一员生活在当今时代，目睹并亲身享受祖辈们孜孜以求但未能领略到的现代文明，应感到无比幸福和光荣。

庄子说的"吾生也有涯，而知也无涯。以有涯随无涯，殆已……"

是消极而不可取的。

胡适说:"其实人生不是梦,也不是戏……""以有限的人生去探求无穷的知识,实在是非常快乐的。"

左拉说:"生活的全部意义在于无穷地探索尚未知道的东西,在于不断地增加更多的知识。"

先哲的话不仅否定了庄子的思想,也刺中了当今宣扬"游戏人生""享乐人生"的个别人无功求禄或坐享其成者的要害。

陈俊武院士在办公室接受采访

人们在惊宇宙之大,赞万象之奇,赏物种之丰,寻生命之谜的同时,不停地探索、攀登,不断地发现、开拓新知识领域,才取得眼下的成就。做人就应做有进取精神的人。人品和人格是衡量人的质量标准,做人要学会自觉地用当代的道德规范和行为准则约束自己。每个人能达到的水准有所不同——伟大和平凡,杰出和平庸……固然存在历史或环境的机遇,但个人的勤奋努力往往会使后者成为前者。

我们和我们的祖先生长在中国,因此做人首先要做一个堂堂正正的中国人。中国是文明大国,过去曾是强国,近代由于社会制度和闭关锁国政策诸因素而贫穷落后了，如今有了正确的制度和路线，正在奋起直追，经过今后几代人的努力，必将重新步入富强之林。历史长河中的一些教训在所难免，怨天尤人徒劳无益。中国人的勤劳品质与凝聚力举世公认，我们要以做当代的中国人而自豪！

通过学习获取知识是人类的特长。不管青少年朋友们将来从事哪种工作，都需要知识的武装。随着科技的进步，今后的体力劳动者也应掌握更多的知识。不少青少年打算将来从事脑力劳动，争取成为科学家、文学家、工程师、医师、艺术家等，那就必须刻苦地学习，在掌握知识的基础上不断丰富人类知识库的宝藏。学海无涯，人类的知识库要不断充实更新，我们的质疑要更深刻，这才是"做学问"。

我做学问的体会是：活到老，学到老。学然后知不足。砥砺切磋，锲而不舍。严谨求实，精益求精。知而不真不是真知，学而不问不成学问。学以致用，学用结合；学以致问，学问长进。书乃人之工具，人非书之奴隶。有所为，又要有所不为，才能真正有为。理论来自实践，进而指导实践；只有经过实践的反复检验，理论才能臻于完

三院士（左起：严陆光、陈俊武、吴承康）在新疆与青少年对话

陈俊武院士

善。善于独立思考，敢于标新立异。不拘于传统，不囿于陈规。虚怀若谷，大智若愚。集思广益，集腋成裘。做学问要做到：衣带渐宽终不悔，为伊消得人憔悴。这样才能达到较高的治学境界，取得较大的学术成就！

青少年朋友们如果想步入学术殿堂，就一定要有充分的准备受苦的思想准备，从小养成勤奋好学的习惯。

贡献是给社会创造物质财富或精神财富，奉献则是人的一种精神力量。奉献是贡献的源泉，奉献是人生的最大乐趣。

人们生活的日益丰富多彩，来自人类多年来在众多方面所作的贡献。具体说来，迄今世界上积累的巨额物质财富和精神财富都是约500亿人——我们的先辈和当今约60亿成年人的血汗创造的。贡献多少取决于每个人能力的大小，能力主要来自培养和锻炼。应提倡多练本领，多作贡献。

一个人从自己和他人贡献中得到用于个人享受和消费的那一部分，谓之索取。一生中奉献大于索取，人生就灿烂；奉献等于索取，人生就平淡；奉献小于索取，人生就无光！

讲奉献就要正确对待名与利、得与失。社会和历史对每个人自有正确评价。我们提倡淡泊明志的精神境界。名实相符，心阔气舒；名不副实，反成包袱。

讲奉献的同时要反对不劳而获，少劳多得，好逸恶劳……更要反对步入铺张浪费、超前消费、公款私费与不健康消费的误区，只有形成良好的社会风气，才有助于奉献者的心态平衡。

奉献者要放眼未来，关心人类社会的总体发展，关心子孙后代的生活环境和生存条件。执行"人口、资源和环境的可持续发展"战略和"四个全面"战略布局，进一步实现中国梦，将给奉献者强大的动力！

　　陈俊武　化学工程学家、炼油工程专家。1927 年 3 月 17 日生于福建长乐。1948 年毕业于北京大学化工系。中国石化总公司洛阳石油化工工程公司高级工程师。作为我国炼油催化裂化工程技术的奠基人，在 20 世纪 60 年代设计了我国第一套 60 万吨 / 年硫化催化裂化装置。数十年来，在催化裂化领域开发了一系列反应—再生工程技术，使我国的催化裂化技术达世界先进水平。在炼油工艺理论领域提出了用元素平衡进行催化裂化物料平衡的理论和设计方法；指导不同炼油工艺过程石油基团转化规律的研究；为我国炼油行业培养了一批高水平科研和设计人才。曾任石油工业部抚顺设计院副总工程师、中石化洛阳石油化工工程公司经理和技术委员会主任。编著了《催化裂化工艺与工程》《石油替代综论》《中国中长期碳减排战略目标研究》等专著。曾获国家科技进步奖一等奖和技术发明奖一等奖多项，1990 年被授予中华人民共和国工程设计大师称号，1995 年获何梁何利基金科学与技术进步奖。1991 年当选中国科学院学部委员（院士）。

> 老吾老以及人之老，幼吾幼以及
> 人之幼，收拾起痛苦的呻吟，献出你
> 赤子的心情，服务牺牲，服务牺牲，
> 舍己为人无薄厚。

读书以确立人生目标

陈星旦

求　学

我一岁时父母就先后去世，由祖母抚养成人，无兄弟姊妹，可以说是"孑然一身"，但大家都待我很好，亲戚、邻居、老师、同学都很爱护我。我四岁多上学，九岁离家住校读高小，从小生活在友情之中。同学都把我当小弟弟，我从没有过因"孤儿"而遭歧视、冷落和孤独，社会到处给了我温暖。

我喜欢一首歌——《天伦歌》（由钟石根填词，黄自作曲），唱前一段时，我都会落泪，尤其是歌词的开首几句：

人皆有父，翳我独无？
人皆有母，翳我独无？
白云悠悠，江水东流。
小鸟归去已无巢，儿欲归去已无舟，

何处觅源头？何处觅源头？

莫道儿是被弃的羔羊，莫道儿已哭断了肝肠！

人世的惨痛，岂仅是失了爹娘？

但唱后一段时，倒令我振奋，歌词是：

奋起啊，孤儿。警醒吧！迷途的羔羊。

收拾起痛苦的呻吟，献出你赤子的心情，

老吾老以及人之老，幼吾幼以及人之幼，

收拾起痛苦的呻吟，献出你赤子的心情，

服务牺牲，服务牺牲，舍己为人无薄厚。

浩浩江水，霭霭白云，庄严宇宙亘古存，

大同博爱，共享天伦！

这首歌，我现在还常哼着。

我家经济拮据，初中是靠借债读过来的。每学期开学时，家里要到处去借钱。初中毕业后没有考普通高中，因为收费太高，读不起。幸好那时教育部在湘乡永丰办了一所中专叫"中央技术科"，不要钱，管吃住，还发书籍费和制服费。考的人很多，我考上了，读了三年电机科。快毕业时（1944年）日寇向湘南进攻，学校解散，我不敢回家，怕当亡国奴，就只好与几位同学结伴逃难，那时刚满17岁。敢只身远离家乡，漫无目标地到处流浪，现在回想起来，真佩服当时的胆量。

记得逃难途中，与衡阳前线下来的伤兵一起坐在火车顶上，任风吹，日晒，雨打，晚上也不敢打瞌睡。火车什么地方都可能停下，也不知什么时候会开走，谁都不敢从车顶下来。这样走走停停，到桂林又遇上第三次强迫疏散，挤不上南去的火车，一起出来的同学都分散了。只得跟随一个私营橡胶厂的十几名工人组成的团队，步行去湘西。后来辗转到贵阳，在西南公路局一个汽车修理厂当实习生，才算安定下来，直到抗战胜利。

大学，我是在国立师范学院读的，就是钱锺书先生曾任教的那所学校。校址原在湖南蓝田，抗战胜利后迁到南岳。读师范也是因为家里没有钱，不能考普通大学。那时候教师的社会地位很高，在我们农村，中学老师是很了不起的。当时我的志愿就是如此，没想到以后会进大城市，进入科学研究的殿堂。

科　研

1950 年春，东北工业部组织的招聘团去湖南，我仰慕东北是全国最大的工业基地，就与一批同学提前几个月毕业，应聘来到东北科学研究所物理研究室工作。后来王大珩先生来长春筹办仪器馆，1953 年把我调来一直工作到现在。仪器馆是长春光机所的前身。

20 世纪 50 年代的科研工作谈不上什么学科方向，国家建设需要解决什么问题就搞什么题目。在仪器馆的头十年，我先后负责过

陈星旦院士在办公室

四五个课题。磁力探矿仪、温度计量标准和辐射高温计、红外探测器、光谱仪和大气光学仪等。那时,我虽大学毕业不久,就独立承担这些项目,给了我很好的锻炼机会,也为往后的科研打下了基础。

1963 年,国家要我搞原子弹爆炸的光冲量测量。任务绝密,无现成资料可循,也不便与周围同志商量。技术方案靠我自己提出后拿到北京去讨论,然后回来组织实施。由于任务急,技术上又要万无一失,因此压力很大。我凭借过去十来年的科研基础和知识,采取了较好的方案,并有所创造。当然具体技术上还是得到了同志们的密切合作。最终,任务很圆满地完成了,准确记录了我国第一次原子弹爆炸的光辐射数据。

那两年的科研,是我的技术发挥得最充分,也是科研组织、管理工作效率最高、与同志之间合作最好的时候。至今,我依然非常留恋那段时期的工作。

20 世纪 60 年代我组织成立大气光学科研小组,在净月潭建了一个观测站。几年的发展,逐步形成了研究空间目标、背景辐射特性和大气传输修正的综合性学科方向。只可惜后来给"文化大革命"破坏了。我被打成"反革命",去农村插队。团队的人都调离了长春,分散后去了好几座城市。当时,他们都是三十来岁的年轻人,思想活跃,进取心强,日后也都在不同的科研领域成长为学术带头人。

20 世纪 70 年代初,我在农村种了三年田后又回到光机所。回所后没有了科研的去处,"流浪"了好几年。由于参加国家和科学院的几次科学规划,认识到短波光学的重要性,我才开展这个领域的研究。20 世纪 80 年代在科学院同步辐射项目以及国家自然科学基金的支持下,应用光学国家重点实验室逐步形成了短波段光学研究方向。十几年的工作,在国内建立了较好的技术基础,先后获得中国科学院科技进步奖一、二等奖,国家科技进步奖二等奖。这些成绩,都是与一批批年轻同志共同努力取得的，我只是起了一个倡导和先期组织的作用。

读 书 与 人 生

陈星旦院士

我没有什么业余爱好，生活似乎很单调，但并不贫乏，毕竟我喜欢读书，读专业以外的书，尤其是文史类的各种读物。读这些书，既能得到知识和做人的启发，也是工作之余一种很好的陶冶和休憩。读什么书，对一个人个性的形成和发展是有影响的。我读小学时，抗战刚开始，读了都德的《最后一课》，其印象真是刻骨铭心，使我从小就痛恨侵略者。读中学时，我们常到校外做抗日宣传。逃难路上，曾去前线慰劳抗日将士。从读书到社会实践，受到深刻的爱国教育。小时候，喜欢读冰心和朱自清的散文。读鲁迅著述，欣赏其作品《故乡》《伤逝》那些篇章。长大以后，又喜欢读《论语》和《曾国藩家书》，把书中所说的当作自己修身处世的追求目标。我个性沉静、宽容、不好斗，缺乏"阶级斗争观念"，多少受了一点读这些人文读本的影响。

一个人的成长，决定于自己。努力是最重要的，当然社会环境和条件，甚至机遇，也都可能起作用，但不是主要的。我读小学、中学，正好是八年抗战；读大学又碰上解放战争，学校又都是在乡下，学习条件确实很艰苦，不仅很难找到课外书，有些课程连教材都没有，老师在讲台讲，我们在课堂上记，以致后来搞科研亟需的知识，只能靠工作中不断读书以补充和不断实践以积累。

不久前，我为《科学时报》（现为《中国科学报》）的"院士治学格言"栏目写过"以科学精神，用科学方法搞科学研究"一句。我说的科学精神主要是追求真理和无私奉献。对社会的奉献精神，是一个人前进的动力。社会给予我们每个人的实在是太多了，我们理应回报。我们的工作，就是如何使社会不断进步。再过几年我就要80岁了，我现在还承担国家和吉林省的科技攻关任务。我负责的一个项目，"七五""八五"以至最近"十五"都鉴定过了，但在社会上还没得到应用，我就想把它产业化。

我的政治思想是相信共产主义终究要实现。我的骨子里是崇奉"大同博爱"，这是我从小就形成的信仰，也是我的人生信条。

（2003年11月）

陈星旦 应用光学专家。1927年5月6日生于湖南湘乡。1950年毕业于湖南大学物理系。中国科学院长春光学精密机械与物理研究所研究员。20世纪五六十年代，在物理测量方面做过多项国内急需的开创性工作。在我国第一次核爆光辐射威力测试中，创造性地提出测量方案及辐射传感、模拟、标定系统。研制的几种光冲量计，在第一次及以后历次大气层核试验中得到成功应用。20世纪八九十年代，研究真空紫外－软X射线光学技术。主持研制了光谱光源、标准探测器、光谱仪器、正入射软X射线成像元件和系统，建立了短波光学研究的技术基础。1994年，负责完成国家自然科学基金重点项目"软X射线光学基础技术研究"，在多层膜技术、超光滑光学表面加工及检测技术、光学元件及整机测试，正入射多层膜显微成像等方面，建立了较完整配套的技术基础。曾获中国科学院科技进步奖一等奖、国家科技进步奖二等奖等多项奖励。1999年当选中国科学院院士。

把东西方文化与科学巧妙而自然地结合，将做人的美德和渊博的知识，像大动脉输送新鲜血液一样传播到我们这些孩子的头脑中。

怀念母亲　恩感名师

戴汝为

少 时 教 育

看到我带那么多的研究生，常有人问我喜欢什么样的学生。我的回答自然与我的经历密切相关。这使我想起了70年前我曾就读的西南联大附小和附中的老师们，他们的高水平教学和育人使我受益终生。至今我仍清楚地记得我的语文、数学老师（都曾在北京大学等高校任教）是怎样把我们这些孩子领进美妙的文学世界和数字迷宫，在文化素养的修炼上从小给我们打下了坚实的基础。前些年与正在读高中的女儿有时聊起古典小说人物时，她对我这个一辈子搞理工的人的文史知识大为"惊讶"，以至于竭力"推荐"我去电视台参加《红楼梦》的知识竞赛呢！

回想起自己所受的教育，我庆幸走的不是一条"读死书、抠分数"的窄路。当年，在西南联大附小、附中确实聚集了一支思想开明、作风民主、学术有成的高质量的教师队伍。他们把东西方文化与

戴汝为院士应邀作"纪念钱学森百年诞辰"报告

科学巧妙而自然地结合，将做人的美德和渊博的知识，像大动脉输送新鲜血液一样传播到我们这些孩子的头脑中。是良好的中小学教育使我树立了一生做人的准则，从青少年时已打下了较全面的文化基础知识，并培养了我们强烈的求知欲望和广泛的兴趣。老师对孩子们管而不死。在那个年代，他们的民主思想深深地感染了我。以后随着慢慢长大，我深感少时受到的熏陶往往影响人的一生，这一信念及作风，后来几乎贯穿了我的整个学术生涯。

工作后，无论是在大学里给学生上课，还是指导研究生，我始终注意善于发现并鼓励学生大胆提出与我不同的学术见解；我更偏爱那些善动脑筋、敢于直抒己见，而且坚持正确方向一做到底的青年人。我常常提醒自己的学生别把眼光只禁锢在狭窄的教科书里，学知识要基础扎实、博古通今。我要求学生们不墨守成规，大胆要求他们学术上要标新立异（那个年代"驯服"是正常的）。只有这样培养学生，才能激发出青年人的创新精神，才有可能在新兴学科领域立足与发展，从而取得开拓性的成果。

考 清 华

谈到少时教育，我更是深深地怀念对我进行了儿时启蒙、身为教师的母亲。

抗战期间，我的母亲吴守箴在西南联大文书组任职。那时我常常听她讲到某某知名教授如何放弃了国外安定的优越生活，万里颠簸携带家眷回到战乱中的昆明，来到西南联大"享受"这微薄的"米贴"（学校没经费给教授们发工资，只发给购米补助）。她十分钦佩教授们克服了重重困难在抗战大后方坚持为国家培养未来的人才。每说到此，母亲总是表现出对他们的爱国精神和高深的学问是那么的敬重！今天想起来，母亲讲这些是在教她的儿子如何做人！母亲是期望我长大也能成为一个有骨气、有学问的人。在联大特有的校风和"联大人"特有的气质的感染与陶冶下，在母亲含辛茹苦的厚望中，当时自己虽然还是贪玩的年龄，高考的目标却"坚定不移"地定位在"清华"了。因为我知道，那是中国学子成才的摇篮。记得那时高三的同学中曾改头换面地传颂着"抬头望明月，低头思清华"的"诗句"，从中可以看出当时青年学子追求科学真理的胸怀和志向。

抗战胜利后，清华大学又迁回了北平。高中毕业，为了实现自己追求科学报国的理想，我决心从昆明北上，到千里之外的北京报考清华大学，因为解放初期高考要到学校所在地进行的。从昆明到北京，现在只要三个半小时的飞机航程，可是在 60 多年前，几千里的路程我与 4 名同学整整走了 15 天！ 17 岁的我，含泪告别了揪着心的母亲，自己背着行李在烧炭的敞篷货车上颠簸了 7 天。如果遇上雨，在露天的车厢里披着雨衣，行李湿透，饥寒交迫。车轮在云贵高原泥泞崎岖的狭窄山路上艰难地爬行，当我低头看见山谷中时而出现的汽车残骸和尸骨，现在想起来还毛骨悚然！当货车开到广西金城江时，因为可以从这里搭乘火车到北京，我和同行的同学都悲喜地落了泪。

离昆明前，虽然知道在京举目无亲，但对一个有着执著追求的孩子来说，什么困难都抛到了脑后。经过了不少磨难，我们徒步穿过中关村一片片荒野的坟地，终于抵达了梦寐以求的清华学府，当时那兴奋劲头好像已经成了清华大学的学生。其实，酷暑天报名参加高考，还得等一个月眼睁睁地盼着发榜，天天得为自己的食宿到处奔波等一道道更严峻的考验等待着我。终于，这一天来到了！当我双手捧着清华大学的正式录取通知书时，我的心反而异常地平静。当晚睡梦中，好像看到的全是母亲期待的眼神和笑容。

在清华大学刚学习了一年，恰遇 1952 年我国高等学校院系调整，我被转到湖光塔影的燕园，在新的北京大学度过了难忘的大学生活。

名师出高徒

我并非高徒，但要成为高徒，名师的"点拨"是非常重要的。

1955 年，我从北京大学数学力学系毕业后分配到中国科学院力学研究所工作。其时恰逢钱学森教授从美国归来，任力学研究所所长。作为实习研究员，我被分配在他直接指导下从事"工程控制论"的研究工作。有这样的大科学家作为导师，我深感幸运！在几个月的时间里，钱先生为了国家建设的需要，举办科技培训班，亲自讲授他所开创的《工程控制论》，这是国际科技工程学术界最新最高水平的研究成果。学习班的成员来自北京和外地的科研单位及高等学校（后来听课学员中不少人当上了中国科学院院士和大学校长）。钱先生每次讲课后，我的工作之一便是参加整理听课笔记，然后用钢板刻蜡纸，再作为讲义每次印发给听课学员。为此，钱先生每次都审阅并修改我的听课笔记。有时，我也向钱先生直接请教疑难问题，这对于一位初出校门的青年来说机会实在难得，我当然十分珍惜能与科学大师当面讨论科学问题的机会。这期间，我还参加了英文版的《工程控制论》翻译工作。那段时间，通过钱先生对我的直接指导与训练，我的业务进步很快，为以后几十年的科研工作铺垫了厚实的基础。

1982年，作为国家首批派出学者从美国进修归国后，令我感动的是，钱先生为国家的事那么忙，他却很快地找我，以听取我在国外研究模式识别方面取得的成果，并充分地肯定了我的研究方向，这给予我极大的鼓励与支持。很快，在钱先生的直接指导下，我开始了对"形象（直感）思维"的探讨及以后的"综合集成、人－机结合"等领域的研究。二十几年来，通过与钱先生在新兴的学科领域共同进行开拓性的研究工作，我受益最深的是，亲自领会到他以对科学的特有的敏锐和博大精深的知识，始终奋战在科学的最前沿。作为榜样和引导，钱学森这样一位科学大师，对我一生的科研思路的不断升华具有重大的、深远的影响。

在求教于名师时，也要抓住机遇。1979年国际模式识别与人工

戴汝为（左）与恩师钱学森院士在一起讨论

智能学科领域里杰出的学者和先驱、美国工程科学院院士傅京孙（K. S. Fu）教授来华访问，我便是受他之邀的第一位赴美与他进行合作研究的大陆访问学者。这位信息科学大师，以他培养的众多人才和出色的科研成就确立了他在国际学术界的突出地位。早在20世纪70年代，我已从大量的文章与资料中了解到傅先生的科研成就，加上在美国与他合作研究的两年多时间，我感到他确实是一位名师，因为他

戴汝为院士

善于发现别人的新的研究构思，并引导你深入系统地做下去。由此，在艰难的科研道路上我又往前迈了一大步。

　　回想自己的成长路程，我更加信服和恩感于我的小学、中学和大学的老师们！我也永远不能忘怀两位国际大师在科研道路上对我的点拨、引导和教诲！

　　高山仰止，永为我师！

　　戴汝为　自动控制、模式识别、智能科学、思维科学专家。生于1932年12月31日，祖籍云南石屏。中国科学院自动化研究所研究员。1951年考入清华大学，1955年毕业于北京大学数学力学系，分配到中国科学院力学研究所，师从钱学森先生。1980年受国家派遣首批赴美与国际模式识别大师傅京孙教授合作研究。20世纪50年代，在钱学森先生的直接指导下，从事"工程控制论""最

优控制"研究；70年代在国内首创模式识别研究，后转入"人工智能"领域；80年代与钱学森先生组织"思维科学"的多次研讨会，开创并推动了这一新兴学科的发展。科研创新的"语义－句法模式识别方法"奠定了汉字识别的理论基础，促成了中国"汉王"产业化发展，获2002年国家科技进步奖一等奖；中国自动化学会授予"模式识别终身成就奖"。与钱学森先生等一起提出"开放的复杂巨系统"及"综合集成方法论"的系统科学、思维科学研究，并强调注重工程实践。突破人工智能研究的局限，提出"人－机结合"的"智能科学"，进而对科技和人文的交叉研究，把智能科学与人类社会的发展相联系，创建了"社会智能科学"，将"综合集成方法论"的应用及"综合集成研讨体系"发展与提升为"信息空间的大成智慧"，成功实践了钱学森先生"大成智慧"的前瞻性学术思想。曾任中国科学院自动化研究所学术委员会主任、学位委员会主任、中国自动化学会理事长。首批"863"计划智能计算机主题专家组负责人，国家"攀登计划"项目首席科学家，中国科学院技术科学部、信息科学部副主任，中国科学院学部主席团成员，道德委员会委员。1991年当选中国科学院学部委员（院士）。

物理学是一门"精密"的科学，是要用很精确的数字来表达它的内容。但是，在某些创新的过程中，特别是起始阶段，一些"粗糙"的物理学直觉的思考是至关重要的。

从小爱科学

邓锡铭

我出生在一户知识分子家庭。父亲早年（20世纪20年代）留学美国，学土木工程，与已故著名桥梁专家茅以升同学。母亲是家庭妇女。抗日战争前半期，我就读于香港培正小学。孩提时代，《少年爱迪生》和《伟人爱迪生》两部电影对我有极深的影响，把我引上了酷爱科学技术的道路。在小学四五年级的时候，就立志长大要读物理学，当发明家。当时我从科普读物中读到摩擦能生电，就自己动手做了一个铜丝刷子，放在香烟铁罐内转动，企图发电，把小电灯泡点亮，结果失败了；过了两年又想改革虹吸管，在金鱼缸里做实验，猜想只要虹吸管的入水口做得足够大，出水口又足够小，就可以依靠虹吸原理，把水从低水位抬到高水位，结果又失败了……

从小学到初中，一直幻想在自行车上装上几十个小发电机，然后在脚踏处装上电动机，指望用力一踏自行车，就永不停止向前走。

虽然，所有这些幼稚想法全都失败了，但培养了我变革创新的志向，遇到失败从不气馁的顽强性格。在我后来从事科研的一生中，一直体现了少年时代形成的这种风格。

　　高中时代，我读了高中物理课本，就自己归纳出比热与原子量的关系，并为自己的"新发现"而沾沾自喜。后来我的物理老师黄杏

大学一年级时，利用假期，用自己的零用钱做了一个利用水银下落来抽气的真空泵，很得意（叶雄　绘）

文对我讲，"今后你学了热力学就懂得前人早已导出这些定律了"。大学一年级的时候，利用假期，用自己的零用钱做了一个利用水银下落来抽气的真空泵，很得意，又以为是自己的发明，但是进入北京大学物理系以后，我从法拉第日记中看到 19 世纪 50 年代，别人就做出来了。

这种着意追求创新、追求变革、追求新思想的意识，在我青少年人生观的形成过程中，打下了深深的烙印。

1949 年进入北京大学物理系以后，当时物理系师生崇尚数学、崇尚物理学理论的气氛十分浓厚，又在多位名师的教导下，我学到了系统的物理学知识，打下了扎实的基础。我对这一时期的名师教导、周围浓厚的学术气氛、自己的刻苦学习，是十分满意的，认为这些对后来的科研生涯是起决定性影响的。

另一方面，1952 年我毕业于北京大学物理系之后，随即进入了社会大变动的 20 世纪 50 年代，我又是一个切身感受过外国侵略和殖民地之苦，有着浓厚爱国主义思想的青年，自然全身心投入了新中国的建设和各种运动中去，接受时代的磨练。在这个时期培养和锻炼了我的组织才能，在后来领导大型科学工程中得到了发挥。

毕业之后，我在光学老前辈王大珩院士的领导下，在中国科学院长春光学精密机械研究所工作了 12 年，然后转到上海光学精密机械研究所，至今又工作了 31 年。在 43 年科研生涯中，我花费了很大的精力，从事科研组织工作。20 世纪 50 年代初协助王大珩所长组织全所科研工作，50 年代末组织八大光学精密仪器的研制及军事光学的研究；60 年代初领头开拓激光领域并组建中国科学院上海光机所。1964 年著名核物理学家王淦昌院士倡议用强激光来引发热核反应（现称激光惯性约束聚变，简称 ICF），我最先响应王老的倡议，在两位王老（王淦昌、王大珩）的指导下，投入全部精力，历时 29 年，长

邓锡铭院士

期领导一个科研大集体，开创了我国用于 ICF 研究的高功率激光驱动器技术领域。从无到有、从小到大、从粗到精，建成了以"神光"装置为代表的多项大型高功率激光工程。

也许是由于少年时代喜欢科学幻想的影响，在科研上我喜欢运用物理直觉去思考。1961 年底我独立提出 Q 开关激光器原理，当时我把 Q 开关比喻为一个稍有漏水（自发辐射跃迁）的抽水马桶，当水箱被灌（光泵注入能量）满之后，水箱底部的盖快速揭开（Q 值突变），水（激光能量）就一涌而出（高激光峰值功率输出）。后来，有关列阵透镜和扭镜的发明，也都是凭着物理学直觉思考的结果。

近年来，我正在建立一个很直观的流体模型，来描写光束的传输。我认为，物理学是一门"精密"的科学，是要用很精确的数字来表达它的内容。但是，在某些创新的过程中，特别是起始阶段，一些"粗糙"的物理学直觉的思考是至关重要的。

（本文写于 1995 年）

邓锡铭　光学、激光专家。生于 1930 年 10 月 29 日（原籍广东东莞），1997 年 12 月 20 日逝于上海。1952 年毕业于北京大学物理系。历任中国科学院长春光学精密机械研究所研究部副主任，上海光学精密机械研究所研究员、副所长，高功率激光物理联合实验室主任,国家 863 高技术计划激光核聚变主题专家组成员。1960 年首先提出在我国开拓激光科学技术新领域,并与王之江一起组织研制成功我国第一台红宝石激光器。1963 年又主持我国第一台氦氖气体激光器;与国外同行同时独立提出高功率激光调 Q 开关原理。1964 年负责组建了中国科学院上海光学精密机械研究所,任首届副所长。近 30 年来主要致力发展用于惯性约束聚变的固体高功率激光技术,主持研制成"神光"高功率激光装置,并做出了一批重大成果。负责研制的六路激光装置获 1982 年中国科学院科技进步奖一等奖;宽频带激光的产生及其对等离子体物理作用的研究获 1987 年中国科学院科技进步奖二等奖;1988 年获陈嘉庚技术科学奖;1989 年获中国科学院科技进步奖特等奖;1990 年获国家科技进步奖一等奖。1993 年当选中国科学院院士(学部委员)。

要培养孩子的审美观、美感。自然是美的,科学也是美的。孩子从小用敏感的心灵去感受世界的美,会受益终生。

该读怎样的科普书

甘子钊

解放那年,我才 11 岁,刚上初中。那时,有很多苏联译过来的书,我记得有一本伊林写的书——《人怎么变成巨人》,是中国青年出版社出版的,沿着科学发展轨迹介绍了很多科学家,如法拉第、居里夫人、爱因斯坦等。这本书给我的影响:一是对大自然的奥秘充满了好奇,发现大自然的美,并由此热爱自然,追求大自然给自己心灵带来的安慰;二是惊讶于科学对人类的贡献,现在我们的生活,有很多直接受益于科学的探索与发现,但我们并不那么在意,譬如最早发现电能传导的是一名英国工人,但我们甚至不知道他的名字;第三就是科学家们崇高的精神境界和状态。

人们常常受益于科学而不自知,但从来没有一位真正的科学家因此而有怨言,他们只把科学的真理看得最高。我当时看了不少这类书。可以说,一方面是国家的分配安排,一方面也是科普读物促使我走上了科学的道路。

新中国成立以来出了很多好的科普读物,像《十万个为什么》,

甘子钊院士作"科学的本事"演讲

在历史上起了很好、很大的作用。现在的科普有两大误区：一是过于强调单纯的知识，其实科学普及的不只是知识，更多的是一种科学观、世界观、人文素养、心灵的修炼；二是太功利化，什么有了科学，猪就肥、养蝎子就赚，这种对科学庸俗化的通俗解释，当然也有它的作用，但如果以为科学就是致富，只有这一种解释，而没有更高层次的科学理念的诠释，那是很糟糕的。

好的科普读物应该在知识的传递之外，贯穿这样几个重点。首先是做人。爱因斯坦说过：伟大的科学家的成就往往还不如其人格魅力对世界的贡献大。科学家追求真理、探索未知都是非功利的，特别是搞基础科学研究的，可能一辈子默默无闻，他们凭的是信念。其次，恰恰是非功利的追求带给整个人类最大的功利。科学和知识从本质上讲是属于全人类、服务全社会的，现在都讲知识产权和专利，

甘子钊院士

其实真正的科学家并不重视这些，科学是一代代人积累的，你在前人基础上有所进步，那是你一个人的成果吗？科学的价值不在专利，它只有服务人类才能体现其价值。第三是训练培养当代科学的思维方法，也就是实证和理性的思考方法。历史上有很多科学家也迷信，与达尔文一起发表进化论的华莱士就相信人用意念能折弯勺子；获诺贝尔奖的克鲁克斯相信鬼神，因为有一次他照相时发现他背后有位美丽的女郎，他认为那是一个魂，后来被证实那女的是当地有名的妓女，只是摄影师在暗室里要的一点小花招罢了。而有的科学家之所以迷信，就是因为蔑视理性，只相信自己的经验和感觉。其实，感觉往往是不可靠的。科学的基石是实验、实证，而且在同样条件下，实验结果是可以重复的。

现在有的人大谈"后现代主义"中的"后科学"，用经验否定实验，这是很浅薄的，也是违背科学精神的。

最后，要培养孩子的审美观、美感。自然是美的，科学也是美的。孩子从小用敏感的心灵去感受世界的美，会受益终生。

总的来说，对孩子普及科学，一开始不必太郑重其事，也不必背太多知识，主要是培养他们的好奇心，对自然和科学的热爱，并为以后发展抽象思维能力打下基础。要有趣、生动一点，要有书本以外的东西，还要有些人文素养方面的内容。这些比单纯让孩子记住地球离太阳多远、闪电为什么发生在打雷前，等等，效果要好得多，也重要得多。因此，我希望在单纯的知识灌输之外，还蕴含一些科学的精神、科学的品质，我们真的很需要一流的科普读物。

甘子钊　物理学家。1938 年 4 月 16 日生于广东信宜。1959 年毕业于北京大学物理系，1963 年该校研究生毕业。现任北京大学物理学院教授、北京现代物理中心副主任，国家超导实验室学术委员会主任，人工微结构和介观物理国家重点实验室学术委员会主任。在半导体中隧道效应、锗中隧道过程的物理机理、发展我国大能量气动激光、提出多原子分子多光子离解的物理模型、发展了光在半导体中相干传播的理论诸方面均作出重大贡献。在凝聚态物理的一些前沿，如分数量子霍尔效应、金属－绝缘体相变、磁性半导体量子阱中极化子、杂质共振态等方面也作出重要贡献。尤其是自 1986 年以来，在我国高温超导电性的研究和发展上起了重要作用。1991 年当选中国科学院学部委员（院士）。

学海茫茫欲何之，惜阴岂只少年时。

秉烛求索不觉晚，折得奇花三两枝。

珍 惜 时 间

谷超豪

有人问我，做学问中有什么"格言"，我想来想去，还是用"惜阴"两字比较合适。

中国有许多劝人惜阴的古训，比较通俗的有"一寸光阴一寸金，寸金难买寸光阴"，这比由西方传入的"时间就是金钱"深刻得多。世界上有许多重要的东西不是金钱所能买到的，时间的流逝是永远无法追回的。古人还有不仅要"惜寸阴"，还要"惜分阴"的说法。也有劝人惜阴的诗词，如岳飞的"莫等闲白了少年头"，激励了许多后人。唐诗中也有："劝君莫惜金缕衣，劝君惜取少年时。花开堪折直须折，莫待无花空折枝。"这首诗固然可以从爱情的角度来解读，但诗的妙处是听凭您去体会。我曾用这首诗为中学生数学冬令营题词，希望参加者能抓紧时间很好利用这一特殊的学习和交流的环境，求得最大可能的提高。

"惜阴"是很简单明了的两个字，但做起来并不简单，我要谈一下我的体会。

第一，要"惜阴"必须有所追求，要为自己树立一个奋斗目标，为达成这个目标，要下决心把一切可利用的时间都运用上去。我的小学和初中都是在国难时期度过的。在小学里，我牢记"青少年要立志做大事"的格言。近百年国家的屈辱，当时亡国的近忧在我们幼小的心灵中激起了强烈的爱国情怀。科学知识使我们懂得了近代科学与技术的巨大力量，于是我就认定了救国和治学是应该立志去做的两个方面的"大事"，这也就为今后的"惜阴"打下了思想的基础，使得我在同一时期中，往往努力去做这两个方面的事。例如，在中学时期，我课程学习非常好，同时还参加抗日救亡工作，加入了中国共产党。在大学时期，我的数学研究开始于奋力从事学生运动和地下党的各项任务的时候。在以后的岁月里，我除了科研、教学之外，往往有相当多的行政、社会工作在进行。

第二，与奋斗目标相联系的，就是要有强烈的责任感和事业心，在学术方面还必须有浓厚的兴趣。在我的生涯中，不断地感觉到自己肩上总是有很重的负担，从支部书记、系主任、副校长、校长以及政协委员、人大代表等岗位，我总是感到负担很重，非兢兢业业地去做不可。这样，就不允许自己有空闲的时间。从事教学和科研，也同样感到重任在身，这关系到国家的发展和下一代的成长。除此之外，"兴趣"的确也起很大的作用，我从小培养起对数学的爱好，在大学里开始进入科研领域后，总是把在数

谷超豪与胡和生院士夫妇在探讨思维路径

谷超豪院士

学中提出新问题、创造新方法、得出新结果看成是极大的乐趣。后来，又对数学与力学、物理学的交叉看成是非常美妙的一幅幅蓝图。在大学时期，我除了跟苏步青、陈建功教授学习数学之外，还选读了量子力学、相对论等物理学课程。1957—1959年在苏联莫斯科大学进修期间，在完成了科学博士论文的写作后，我又去钻研流体力学，从头学起，包括去听为大学生开设的流体力学课程。我觉得有了物理学和力学的知识，我的数学视野更开阔了，有了新的直观的基础，为后来的创造提供了新的思路。

第三，必须善于利用时间。在相当长的一段时间里，我感到我的控制机制很灵，做一件事情就专心致志不去想另一件事，一有空余时间就把它利用起来。比如说，在我担任中国科学技术大学校长期间，校务工作特忙，我就利用出差坐火车、坐飞机的时间来从事学术工作，也能有所收获。非线性科学的研究，也从那时取得了突破。我感到从事科研必须不断"线"，停顿了一段时间恢复起来就困难。"数苑从来思不停，穿云驰车亦有成"，这是我引以自豪的。

第四，必须全面处理各方面的关系。比如说要注意健康，这也是"惜阴"所必需的，但也得有所牺牲。例如生活要求简朴，不讲享受，不能有太多时间从事文娱、旅游等感兴趣的活动，与亲朋好友的联系也不够周全，对于这些自己也时常引以为憾，有时也以能得到人们的理解而感到安慰。

随着年岁的增大，力不从心的事也多起来了，如何过老年生活的问题也逐步显现出来，三年前我曾写过"学海茫茫欲何之，惜阴岂只少年时。秉烛求索不觉晚，折得奇花三两枝"。古人云，老而好学，如秉烛之明。我也愿以此为自勉。

谷超豪 数学家。1926年5月15日出生于浙江永康，2012年6月24日逝于上海。1948年浙江大学数学系毕业，1953年起在复旦大学任教，1957年赴苏联莫斯科大学力学数学系进修，获科学博士学位。复旦大学教授。历任复旦大学副校长、中国科学技术大学校长。主要从事偏微分方程、微分几何、数学物理方法等方面的研究和教学工作。在一般空间微分几何学、齐性黎曼空间、无限维变换拟群、双曲型和混合型偏微分方程、规范场理论、调和映照和孤立子理论等方面取得了系统的、重要的研究成果。特别是首次提出了高维、高阶混合型方程的系统理论，在超音速绕流的数学问题、规范场的数学结构、波映照和高维时空的孤立子的研究中均取得了重要的突破。撰有《数学物理方程》等专著。研究成果"规范场数学结构""非线性双曲型方程组和混合型偏微分方程的研究""经典规范场"分获全国科学大会奖、国家自然科学奖二等奖、三等奖。曾获2009年度国家最高科学技术奖。1980年当选中国科学院学部委员（院士）。

哲学这门关于自然、社会和思维发展的最一般规律的学科，对理工科的学生认识客观事物发展的规律，建立正确的思维方法是绝对必要的，我深有感受。

学科大综合　管理出成效

郭重庆

做人、做学问、做事

解放前，我出生于一户破落的富有人家，自我记事起已家道中落，没有了正常的经济来源。在旧社会，我饱受世态炎凉之苦。那时，连年战乱，人们疲于奔命，严酷的现实和对美好生活憧憬的尖锐矛盾，逼着年轻的我去思考：要么随波逐流，走到哪算哪；要么以勤奋去追求理想的未来。我选择了后一种人生道路，立志要自己把握自己的命运，不指望别人，走自立、自强之路。

初中毕业后，我考入了远离兰州城区的西北师范学院附属中学，它是抗战时期北平师范大学内迁时建立的，当时的校长是我国著名物理学家萨本栋的胞弟。学校管理颇具特色：引用大学的一整套管理方式，管理人员很少，管理方式松散。学生都寄宿，平日程序性的集体活动很少，也没有严格的作息制度。校方强调学生自治，学生轮流自主操办膳团。那时没有凝重的高考氛围压力，没有人逼着学习，没有保姆式的呵护，但独立、主动学习的气氛很浓。学生黎明即起，夜晚点着煤油灯熬夜，每天都是那样平淡、自主地学习。教师强调学生独立思考，不局限于课本知识，不要求死记硬背，注重知识的理解。就这样一所边远的百十来位学生的中学，在那种环境下日后却培育了八名院士。这种学习环境和教育方式使我一辈子获益匪浅。

1951年高中毕业后，我就决定赴北京高考，因为那时还没有全国统一考试。由于兰州没有通火车，几位同学背着铺盖，结伴同行。我们没有盘缠，一路上靠各地学联打点接济，从兰州到北京差不多花了一个星期。到了北京，承北京学联的帮助，找了一间中学的礼堂，打地铺安身，玉米面饼子就咸菜，就很知足了。

总算幸运，考取了哈尔滨工业大学。这也是一所很独特的学校，中国教师很少，大多是苏联专家；学校一成不变地照搬苏联的教学模式，但是学生的政治思想工作却完全承袭了解放区的那套方法，有一支较强的政工队伍。这种独特的中西结合的方式是非常成功的，对于培养学生的事业心、价值观、为人处事以及在个人与集体关系的处理上，都收到了良好的效果。靠每月十三块五毛钱的助学金，我无忧无虑地完成了大学六年的学习生涯。大学学习的另一个主要收获是基础课学得扎实，差不多前三年根本未接触专业课，主要学习俄语、数学、物理学、化学、政治及哲学，第四年才分专业。这些基础课知识使我受用了一辈子，特别是哲学这门关于自然、社会和思维发展的最一般规律的学科，对理工科的学生认识客观事物发展的规律，建立正确的思维方法是绝对必要的，我深有感受。

从小学到大学连续18年的学习生涯，使我懂得了如何"做人"（待人处世），如何"做学问"（思考问题）和如何"做事"（干工作）。尽管家庭教育、学校教育、社会教育是构成一个人成长的三大支柱，但由于学校教育是处在一个人可塑性最强的、未成熟的青少年时期，因此学校教育是影响一个人成长的重要环节。我深感学校教育的关键是启发学生学习的自觉性，鼓励学生主动参与及自主学习。当然，这首先得解决学习的目的性问题，不要把学习的目的引到应试和获取学历上，不然，我们的教育机制就把学生的创造性束缚住了，把学生逼进了读死书的死胡同。教育的目的是为了教学生做人、做学问、做事；教育的功能在于激发学生的潜能。人的潜能是不可估量的，我们中国人可能有产生多名诺贝尔奖得主，产生世界杰出科学家、企业家、艺术家和政治家的潜力，但现今的教育机制压抑了这种潜在的能力，教育不得法是影响我国实施"科教兴国"战略的一大瓶颈。

科学精神和科学方法

近年来，关于"李约瑟难题"的讨论，关于重大科技发明的稀少，关于支撑中国近年经济发展的仍是外来技术，以及何时才能产生一名土生土长的诺贝尔奖得主……这些议论不绝于耳，也都成了发人深省的问题。"五四"运动的先人们在分析中国经济与社会发展滞后的原因时，曾举起过两面大旗——民主与科学。这是对中华民族落后根源的首次理性认识。但是找到了民族落后的原因，并不等于找到了解决问题的办法。

我想，科技成就源于科学精神和科学方法。竺可桢先生把科学精

接受采访，谈笑风生（方鸿辉 摄）

神归纳为不盲从，虚怀若谷和专心致志的"求是"精神。李约瑟先生认为问题的症结在于缺乏科学的方法：一是中国没有一套按严格的逻辑推理的理论；二是没有发展以严密的数学作为各门学科的共同语言。对于这样一个论点，我们科技界似乎也都认同。科学精神和科学方法也正是中国传统文化中最为匮乏的东西。因此，中国人要在科技上有所成就，首先得从科学精神和科学方法上取得突破，当然这不是一朝一夕的事，恐怕要付出几代人的努力。

图钉型的知识结构

我从事了四十多年的工程项目设计工作。工程设计与咨询是一门交叉学科，甚至在我国已有的学科分类中，找不到这样一个门类，但它确实与我国经济和社会的发展密切相关。每年固定资产投资大约花去相当于 GDP 的 30%—40% 的钱，其重要性是不言而喻的，但它又是一门非常年轻的学科，缺乏系统的理论。"综合性"为其特征，它不仅综合各技术专业，同时综合技术、经济与社会发展，并且更具管理特征，因此处于自然科学与社会科学的边缘。为了有判断地综合运用人类在社会发展和科技实践中获得的社会科学和自然科学知识，提出一个能经济地利用劳力、资本和科技等资源的最优化配置，以期实现预期目标，对从事工程设计与咨询人员的素养也必然有相应的要求：技术知识（不能局限于本专业，还要求了解相关专业的知识）、经济知识（宏观的国民经济分析、微观的企业财务评价和技术经济分析）、信息知识（对信息、政策、法规、消息、数据的敏感性，以及获取信息的渴求感）、管理知识（行为管理、决策管理和系统工程知识），以及善于组织和团结其他同事一道工作，并善于表达自己思想的能力。因此，工程设计与咨询人员既要精通一门专业知识，建立专业知识体系，又要求横向扩展，学习相关专业的知识，即所谓图钉型的知识结构。

郭重庆院士

随着科学技术的迅猛发展，学科的界限愈益模糊，学科之间的相互渗透、交叉和融合达到了空前的地步。作为一名工程设计与咨询人员，为了适应科学技术和经济社会发展的需要，必须不断拓展自己的知识领域。多年来，我就是这样要求自己并努力这样做的。我的体会是：技术与经济不能分，做技术工作的人与做经济工作的人知识要相互渗透，要博览但不是什么都看，对于相关知识一定要关注并持之以恒。荀子《劝学篇》中的"不积小流，无以成江海"，对我很有启迪，这里体现了量变与质变的道理。当然，我们还必须建立团队协作精神，要清醒地意识到技术创新与制度创新的重要性，要力克技术与经济脱节的痼疾。

管理是生产力

管理是生产力。我的观点是：中国经济与社会发展面临的挑战与其说是资金、技术问题，毋宁说是一个管理问题。生产力要素（科技、劳力、资本）都是通过管理而发挥其最大效用的，科技没有一定的管理体制和运作机制的保证，成果很难转化为现实生产力，现实生产力也很难转化为效益。技术与经济脱节，先进的技术就未必能促进经济与社会的发展。资本要素也只有通过有效的管理才能获得预期的回报，重复建设而导致的产能结构性的大量过剩，并由此引发的无序的价格竞争，已经逼得中国企业走投无路。尽管科技、劳力、资本是重要的生产力要素，但由于缺乏管理，从而造成生产要素的配置失当,不仅不能促进生产力的发展,反而导致灾难性的后果,亚洲金融危机和日本十多年的经济低迷就是一例。因此,管理是生产力,是比科技、劳力、资本更为基础的生产力要素。

先进制造技术与管理的结合,也正反映了随着科技的发展,在出现学科不断分化趋势的同时,又出现了另一种趋势,即各种学科的高度综合。制造技术与管理技术的结合正是这种学科相互渗透、相互融合的综合结果,也打破了自然科学与社会科学之间的界限。科学与技术逐步走向整体化,正反映了客观世界的物质和运动形态既是多样的,又是统一的。马克思早就预料到了这种结局:"自然科学往后将包括人的科学,正像关于人的科学将包括自然科学一样,这将是一门科学。"这话说得多好!

郭重庆　机械制造工艺与设备、设施规划与设计专家。1933年6月生于兰州。1957年毕业于哈尔滨工业大学。现任同济大学教授、国家自然科学基金委员会管理科学部主任、中国机械工业联合会专家委员会委员、中国机械工程学会理事、《管理科学学报》主编。1989年被授予"中国工程设计大师"称号。曾于机械工业部第六设计研究院从事工程项目设计和咨询工作40余年,担任30多项国家及部重点建设项目总设计师工作。曾荣获国家科技进步奖一项,部级科技进步奖五项,国家优秀工程设计金奖一项,国家优秀工程设计银奖三项,机械部优秀设计一等奖三项。出版了《先进制造技术》《全球化时代的中国制造业》等专著。发表论文"我国先进制造技术发展战略应联系我国实际""世界银行项目的咨询、设计与实施""我国企业面临的挑战与其说是技术与资金问题,毋宁说是管理问题""中国企业缺什么"等。1995年5月当选中国工程院院士。

> 钻研并不是迷信，并不一定大学毕业才能钻研，也不是非有齐全的条件不可。实际上，真正肯钻研的人在什么场合都可以钻研。

克"三劫" 攀高峰

华罗庚

各位老师、各位同学：

今天我非常高兴回到母校。刚才蔡校长说，今年是我们母校建校 58 周年，我是这所学校的第一班学生。那个时候，我们初三班只有 8 位学生，现在我们的学校这么大了。刚才蔡校长已经讲了我们学校的情况，这使我感到莫大的鼓舞。

今天对同学们讲点什么呢？要我讲的话，实在没有准备，同时我也觉得没有什么可以讲的。好多人、好多地方叫我给他们谈谈我的经历，可是我没敢说。为什么我在别的地方不敢说呢？因为如果说错了的话，没有人更正。在这儿，有好多位差不多是与我同时代的，也有很多位都知道我的底细的，所以我讲得不对的时候，可以给我提出更正，对我个人帮助可以大一点。

现在大家称"文化大革命"是一场浩劫。如果从"劫"字谈起，那么我这一辈子碰到过三次"劫"，我准备讲一讲我怎么度过这三场"劫数"的。这样，同学们也可以对比一下，把现在的环境与我从前的那个环境对比,看究竟哪个环境更有利于我们的发展,如果今天的环境确实比我们以前的那个环境好,大家就可以更有信心地走到前面去。这就是我讲话的目的。

我不是要在这儿宣扬自己,而是让我的经历给同学们作借鉴。

先说第一个"劫"。这一"劫"就是从我们这所学校开始的。你们现在叫金坛县中了。我们当时叫金坛初中,最高班是初中三年级。在国外有时人家问我什么学历,我总是给人家说,我的最高学历就是初中,金坛县初中毕业。人家问我有什么文凭,我说,我有一张文凭,就是初中毕业的文凭,除此之外,没有了。一直到去年(1979年)才发生了变化,法国给了我荣誉博士称号,发了博士证书,现在总算有头衔了,是博士了,以往却没有。我初中毕业是多少岁呢? 我只有 15 岁。后来又到上海进了一年职业学校。尽管那所学校给了我免交学费,不过还是交不起饭费,后来只好回家待着。

我的家现在找不着了,就在大桥那边,现在叫南新桥,从前叫大桥。大桥头不是开了大河了吗? 我们家住在桥东,大河一开,桥东五户人家,都到了河里,现在这地段已成为河面了。看,这是多么大的变化! 桥东原有五户人家,我的老朋友老胡同志还记得: 桥一下来是搭在桥上的窑货铺,然后是水果铺,再下来就是我家那个小铺子; 走过去还有一家米行和一个烟店。一开河,五家的屋基都下水了,所以估计起来,我们那个家还应当在水中间一点。

谈到上学,现在没有考上学校的同学还会有其他学习的机会,像电视大学啊,函授大学啊,以及其他的职业学校。可是,我们那个时候可没有这种方便。同学们现在有书借阅,你们学校的图书馆有不少书啦! 那个时候,我只有一本大代数,一本解析几何,还有一本很薄的 50 页的微积分,我就啃这么几本书。在这种情况之下,我当然也不知道有社会主义、共产主义,只感觉我们应该为国家出一点力,争一点光。我就这样开始钻研学问了。也许有人要说这是笑话，念了几年书就谈钻研了，那不是笑话？

钻研并不是迷信，并不一定大学毕业才能钻研，也不是非有齐全的条件不可。实际上，真正肯钻研的人在什么场合都可以钻研。这是大约1925年到1926年的事情。我记得，后来大约在十八九岁的时候，我又有机会回到这所学校里面来了。到这所学校来做什么

我总算当了一名会计。有了一点办法，我就继续钻研下去（叶雄　绘）

呢？当会计兼庶务。那时我的老师王维克，预备提拔我一下，打算开一个初中一年级补习班，让我去教书。但刚有一个计划，不幸我的母亲在那年死了，我也生了重病。我病在床上六个月，腿就坏了。要是在今天，我的腿是不该坏的。现在都知道，如果生病睡在床上睡久了，不翻身会发生组织坏死，所以不管疼不疼要翻几个身。那个时候我们既请不起医生，也没有哪一个人告诉我这个常识，所以病后起来，就不会走路了。本来嘛，不生病，身体好，还可以多参加一些体力劳动，可是我的腿坏了。我们家里原不宽裕，我一生病，那就更穷了。亏得那位王维克老师，在我身体好些后，还是让我参加工作，让我在那个补习班教了一个月的书。结果有人告了状，说什么王维克校长任用不合格教员华罗庚。王维克校长是法国留学生，做初中校长，未免委屈，他一听有人告状，就不干了。在这种情况下，我也没有办法再留下了。亏得继任的校长韩大受先生为人很好，他说："旁人上任要带会计来，我不带，就让你干。不过，书万万不能再教了，因为前任校长就是为了你任课而被告了一状的……"这样，我总算当了一名会计。有了一点办法，我就继续钻研下去。

不久，清华大学找我去任职，那大约是1931年。到了清华，他们碰到一个困难：怎么安排我的工作？这是个麻烦，因为要在清华当一名助教，应当有大学毕业的资格，否则又是不合格的教员。后来清华安排我当数学系助理。所谓助理，就是管理图书，管管公文，打打字，办点杂事。助理已经很不错了，我能继续抓紧学习。过了一年半，他们让我教微积分。这一关是非常难过的。为什么呢？因为没资格呀！清华的教授还为此特别开会通过，让我教微积分。这等于说，清华大学承认我了，我可以抵得上大学毕业生了。

从初中毕业到当大学教师，我前后大约用了6年半时间，通常初中到大学毕业要用8年。从这一点，同学们可以看到，学习要自己努力，努力了就可以很快上去。

到 1936 年，我就到英国去了。1938 年我从英国回来，因为那时候抗战了，有好多事情要做。回来后，清华就让我直接当教授了。从助教到教授，前后又是 7 年。现在有的人，身在研究机关，自己是大学毕业生，环境很好，又有书，又有杂志，又有导师……但就是对赶世界先进水平没有信心。要知道，到 2000 年还有 20 年啊，能不能赶得上呢？

从我的经历里面，同学们可以算一笔账，只要有一点简单的算术知识，就可以得出解答。

以上是我早年碰到的困难。同学们可以想一想，在旧社会，没有书，没有钱，又没有老师，甚至没有灯光，电灯黄黄的，仅一点儿光，看不清。今天，我们有这么好的环境，我请同学们对比一下，一方面要珍惜现在的环境，另一方面要加强信心。现在很多人没有信心，能不能赶上世界先进水平啊？"四个现代化"能不能搞得成功啊？从我的体会讲，我觉得有信心，赶得上。不过做个懒人可不行，要加倍努力，才赶得上。

现在，再讲我生平第二个"劫"。抗日战争期间，我从英国回来，当时后方条件很差，回到昆明以后，吃不饱，饿不死。那个时候，有句话叫"教授教授，越教越瘦"。记得有这么个故事：教授在前面走，要饭的在后面跟，跟了一条街，前面那位教授实在没有钱，回头说："我是教授！"那个要饭的就跑掉了，因为连他们也知道，教授身上是没有钱的。

在那个时候，日本人封锁我们，国外的资料，甚至杂志之类都看不到。不但封锁，而且还轰炸。在那种困境之中，许多教授不得不改行了，有的还被迫做买卖了，他们跑仰光去买点东西到昆明来卖。我住在昆明乡下，我住的房子是小楼上的厢房，下面养猪、马、牛，晚

1974 年冬，华罗庚院士在广西深入车间讲解优选法

上牛在柱子上擦痒，楼板就跟着摇晃。没有电灯，就做一个油灯来用。油灯是什么样的呢？就是一个香烟筒，放个油盏，那儿没有灯草，就摘一点棉花做灯芯。就是在这种微弱的灯光下，我从 1940 年到 1942 年完成了我的《堆垒素数论》，后来又跨到了矩阵几何。

抗战胜利了，我到美国去了，当上了"洋教授"。我当"洋教授"也比较困难。别人是又有博士头衔，又有大学毕业证书，我什么都没有。在这种情况之下，人家还是让我当了教授。所以同学们可以看到，第二次在昆明的艰苦环境里，由于坚持不懈，有了成果，人家还是不得不承认的。

第三"劫"是"文化大革命"时期，我是"臭老九"，当然不能幸免。去年（1979 年），外国又来邀请我去讲学。有的老朋友很关心，也有点担忧。他们说，这次华罗庚出国，可能要摔跤，可能要露底了。为什么呢？因为"文化大革命"中，我图书馆也不能进，十几年不上图书馆了，还能不落后吗？不但如此，我到各处跑，搞统筹优选，还有"四人帮"一直跟在后面监视攻击。那时很忙，不可能有时间搞其他理论研究了。所以有些人就关心我这一次出去了，是不是跟人家讲"统筹""优选"去啊？在国外，不想讲统筹优选，对他们最好是我讲了以后，他们不懂，愈不懂，我就愈有学问。从前爱因斯坦讲那个"相对论"啊，不得了。为什么不得了？全世界只有七个半人听得懂，这是了不得吧？可是，我们走的路与他不同。"文化大革命"以来，我们的方法就是要人家懂，不但要大学生和中学生懂，并且还要工人师傅懂，为此我们推广"优选法"。我们这里就有优选小分队来过。镇江地区优选小分队也是我们学校的校友，赵福庚同志就是我们的校友。在镇江地区的就有节约焦炭的能手毛师傅，人家的焦铁比例总是 1:6、1:7、1:8，可是，毛师傅的炉子焦铁比例是 1:18。大庆有位杨师傅也在我们小分队，是镇江地区的。在那个时候，环境那么困难，一方面我们要推广统筹优选；另一方面，背后还要防"四人帮"的冷箭，虽然时刻提防，我还是被射了不少，甚至在 1975 年被射倒过。所以，有些朋友的关心、担忧是很自然的。但是，他们不知道我有一个上算的地方，就是"外通里国"。

什么叫"外通里国"？就是外国知道我的名字，有书出版就寄一点给我。这样，我不通过图书馆，也可以知道一些国际行情。而且，他们不了解，我始终没有放弃理论研究。好在那时候，我身体还很好，白天紧张地搞优选法，有时上午跑四家厂，下午跑三四家厂，一天跑七八家厂。尽管这样紧张，我没有放松理论研究。我的理论研究是晚上进行的。做我的助手也真不容易，说不定晚上一点钟两点钟被叫醒，来考虑考虑这个问题怎么搞，所以他们是很辛苦的。不过，那个时候搞了理论研究还不敢说。因为如果哪一天我们暴露出来，等一会儿就要说：你看这个华罗庚，用统筹优选作幌子，他实际上念念不忘半夜搞他的理论研究。这种人后来一看形势变了，他又改一个手法，说华罗庚就只搞统筹优选，不搞理论研究。反正这种人理论不多,实际也不高,但他有一种本领——手里有一根棍子,你搞理论他就打你的理论,你搞实际就打你的实际。那时期我们的帽子当然不少啰,"唯生产力论"的帽子戴过了,"以目乱纲"的帽子也戴过了。但你说你的,我干我的。我只知道统筹优选对人民有利,我要搞;我只知道,没有理论就搞不出优选来,所以理论也要搞。

华罗庚院士撰写的一系列专著都成为经典数学著述

不过,我们刚出国的时候,心里终究也不很踏实。为什么呢?因为十几年中虽然是搞了一些理论研究,但毕竟遭到了损失,许多手稿也抄的抄了,偷的偷了,而且研究成果大部分没有写下来,或者只写了一点草稿,在脑子里像散沙一样,像乱麻一样。如果出国以后,立刻叫我上台讲演的话,我还真有点担心。亏得去了以后开了两个学术性会议,会议后刚好暑假到了,有三个月时间。我们就利用这三个月时间,把研究成果部分整理了一下。整理好之后,我给了他们一个单子,单子提了十个方面。一般讲演,提出几个专题就够了,拿自己最擅长的专题就够了。可是，我们提了十个方面。这是什么意思呢？是不是要在外国人面前炫耀一下，表示学问广、精、深，数学的十个方面都可以讲？这不是我的想法。我的想法是，到一个地方去，与其讲我自己所擅长的，不如讲我自己所短缺的。讲自己擅长的好不好？

我在这儿跟同学们讲一下哥德巴赫问题好不好？好？为什么呢？大家都听不懂。你们会得出个什么结论呢？华罗庚的话，大家都不懂，一定是有学问的。可我自己有收获没有？我自己没有，得不到东西。

华罗庚院士（前中拄拐杖者）与他的学生们（不少学生后来都成了中国科学院院士）

所以我的想法是，提出十个方面来，好让人家自由选择。让他们选，他们一般都是选他们最好的东西，最拿手的东西。好，我就到你那儿讲你们拿手的东西。中国古代有一个说法，切忌班门弄斧。可是，我的看法是反过来的——弄斧必到班门！你要耍斧头就要敢到鲁班那儿去耍。在旁人面前耍，欺负人家干啥？你到鲁班面前耍一耍，如果他说你有缺点，一指点，我下一回就好一点了；他如果点点头，说明我们的工作就相当有成绩了。从前还有相类似的话："不要到孔夫子面前去卖四书"；"不要到关老爷面前去耍大刀"。我的想法相反，你这个耍刀的人，就是要到关云长面前给他对两刀。对两刀，他当然不会一刀劈你马下，可是，我们与他对两刀有好处。俗话说，下棋找高手。找一个比我差的人，天天在那里赢他的棋，赢得每天哈哈大笑好不好？好是好，但你的水平提不高。如果你找高手下，每一次都输给他，输这么半年下来，你的棋艺能够没有长进吗？所以，我主张弄斧到班门，下棋找高手。

　　这一次，我跑了四个国家，几十座城市，做了好多次报告。反映怎么样呢？我给跟我出去的同志说：你们向上面汇报，第一，人家给我讲的好话，你少吹点，如果要说一点的话，最好是有书面根据的。为什么呢？因为外国人对学问是很严肃的，不瞎吹瞎捧别人的，不过我们也不得不防备一点，因为我这个70岁的老头子到那里去，人家大都是我的学生辈，你又是借了新中国的威信，又是科学院的副院长，人家捧一两句会不会呀？我想是会的。所以我们情愿估计我们的差距比人家大一点，而不要估计我们比人家好。我们经常说，我们的文章达到了世界水平，可能某篇文章达到了世界水平，可整个加起来呢，我们的差距还是很大的。因为差距是指面上的差距，不是说我们有几个个别的人，他的数学很好，或者他的某一门学科很好，我们中国的科学就很好了。我们是一个面上的差距，是整个学科的差距。所以领导上再三强调，要提高我们整个民族的科学文化水平。实际真正的水平是整个民族的科学文化水平。当然也不排斥我们有若干个特殊的人先搞好，搞得好。这次我在国外，也同国内一样，"人民来信"多得很。我只想给大家念一封信。有一位美国的学者，在荷兰

华罗庚院士

听了我的报告，他是这样写的："您在安呐本的演讲，是真正令人赞叹不已的。您向大家证明了，好的学者即使是在最恶劣的逆境中，仍然可以做出出色的成绩，您使我们这些生活在安逸和稳定环境中的人们，只能感到羞愧。"这个人我不认识，他给我写了这封信。这说明了什么呢？说明即使是像"文化大革命"这样的浩劫，也不能把我国人民压倒。由于我们能够坚持工作，结果还是做出了成果，这个成果还得到世界上学者的承认。而现在是"四害"除掉了，我们的日子是一天比一天好过了，同学们想一想，现在环境这样好，我们应该不应该有信心呢？我想，你们是会做出让人欣慰的回答的。

那么，我们是不是还会有困难呢？困难肯定有的。不过，现在看起来，就是有困难，也绝不会比从前我们遇到的困难更严酷。就是再有困难，我们还是可以克服的。我们应该有勇气，有志气。对我个人讲，是不是还会有困难呢？当然是会有困难的。除了其他困难，眼前就有一个：自己有成果了，满足于现在的成果，甚至骄傲自满；国外有名声了，国内也有了，我可以歇口气了，可以不要学习了；而且我这个人年纪大了，就指导指导人家搞研究，自己少吃点苦吧！如果这样想，那就是一个危险，这是自己造成的困难。比如今天我在这里跟同学们见面，以老同学的资格给大家谈自己的经历，就很容易产生满足的思想。所以我要警惕。满足的思想是不能有的，因为学问是没有止境的，科学是实事求是的，是精益求精的。科学每前进一步，都需要付出更大的劳动。所以，我顺便在这儿给同学们把自己的思想暴露一下，讲了之后，对我自己可能有好处的。

我为了经常提醒自己，所以我给自己写了几句话，叫"树老怕空，人老怕松。不空不松，从严以终。"像我这样的年龄，是很容易"松"下来的。当然并不是说年纪轻的人就不会松呀！年轻人如果要松起来，对不起，我就要以老学长的资格打他的手心啦！总之，搞科学、做学问，要"不空不松，从严以终"。要很严格地搞一辈子工作，为人民服务一辈子。我常常对自己说：以前三次"浩劫"，都没有把我打垮，说不定很可能最后从我自己的思想上，在已经有收获的时候，自己打垮了自己。我一定要警惕。

今天一点准备都没有，就和同学们谈谈心，一方面，也鼓励鼓励同学们，我们的前途是光明的，我们的目的是能达到的，我们的"四化"是能够实现的；另外一方面，我也把自己的思想谈一谈，我个人也要注意防松、防空。讲得不妥当的地方，好在咱们都是前后同学，可以提意见。

（此文为华罗庚院士1980年第三次回母校的讲话）

华罗庚 数学家。1910年11月12日生于江苏金坛，1985年6月12日逝于日本东京。1924年毕业于金坛县立中学初中，入上海中华职业学校一年，因家贫失学，后在家中小杂货店当学徒。在此期间自学数学，1929年在金坛中学任庶务会计，开始发表论文。1931年经熊庆来教授推荐到清华大学，从管理员、助教到讲师。1934年成为中华文化教育基金会研究员。1936年在英国剑桥大学作访问学者。1938年受聘任昆明西南联大教授。1946年赴美国任普林斯顿数学研究所研究员。1948 年在美国伊里诺伊大学任终身教授。同年当选为中央研究院院士。1950 年回国后历任清华大学教授，中国科学院数学研究所所长，中国数学会理事长，中国科学技术大学数学系主任、副校长，中国科学院应用数学研究所所长，中国科学院副院长，中国科学技术协会副主席，中国民盟中央副主席，全国人大常委，全国政协副主席。是当代自学成才的一位杰出学者，蜚声中外的数学家，中国理论数学（解析数论、典型群、矩阵几何学、自守函数论与多复变函数论等方面）研究的创始人与开拓者。论文《典型域上的多元复变数函数论》被国际学术界称为"华氏定理""布劳威尔－加当－华定理""华－王（元）方法"。又是应用数学为国民经济建设服务的先驱者，提出适合中国国情的"统筹法""优选法"，并开展应用，普及推广到全国 26 个省、市、自治区；提出了正特征矢量法。发表学术论文 200 余篇，10 部专著（其中 8 部在国外出版，有些被译成俄、日、德、匈、英等国家的文字），还写了 10 余部科学普及作品。由于其成就杰出，被选为美国科学院外籍院士，第三世界科学院院士，德国南锡大学、美国伊利诺伊大学、香港中文大学等校的荣誉博士，德国巴伐利亚科学院院士；其名字已进入美国华盛顿史密斯松尼博物馆，并被列为芝加哥科学技术博物馆中 88 位数学伟人之一。1955 年被选聘为中国科学院学部委员（院士）。

学习与思考本是互相依存与促进的。光学习不思考，只是对他人经验生搬硬套和对书本知识死记硬背，不会有什么创新。光思考不学习，则缺乏基本知识，受到个人思维的局限，会掉到空想或错误的陷坑里不能自拔。

学习与思考

黄祖洽

学习是一个人生活的重要组成部分。有道是："活到老，学到老。"其实，小儿从呱呱坠地就开始了学习的过程。他先是在尝试中不自觉地学习。尝试成功了，高兴的感觉使他重复同样的动作，并且得到同样的结果。重复的次数多了，便知道这样做总能得到所希望的结果。这个规律性的认识就慢慢变成了他的初步知识。他也通过模仿来学习：模仿别人说话（牙牙学语），模仿别人动作（举手动脚）。这样，到一两岁、两三岁，可以学会说话、走路和做一些小游戏。更大一些，生活圈子大了，接触到更多的人和事，这种初步知识积累得更多了，他便开始懂得注意周围的事物，觉得有趣。这些有趣的事物，会反映到他的小脑袋里，给他留下好玩的印象，有时会引起他的好奇心，使他慢慢开始想一些问题：为什么会这样？为什么会那样？这就是他思考活动的萌芽。等到上了学，识了字，学会了看书，有了

学习与思考本是互相依存与促进的（叶雄　绘）

与同学们交流、向老师学习的机会，他学习的范围和思考的问题便有
可能大大扩展和加深了。不过，一般来说，总要到参加工作，更多地
接触了外部世界以后，学习和思考的能力才会得到更大发展，对个人
和工作的重要性也才会更充分地表现出来。

　　大自然赋予人高度发达的头脑，本来就是为了让人能够更好地
学习和思考，以便让没有具备锐利爪牙的人类能够维持生存，并且成

为"万物之灵"的。不过，人的头脑也遵从生物界"用进废退"的普遍发展规律。如果因为主观或客观的原因，不去或没有机会学习，或是儿童时期学习的兴趣和好奇心得不到培养和满足，甚至反而受到不正当的引导或压制，那么即使本来天赋不错，却因为得不到锻炼，其学习和思考的本领非但不能发展，反而会越来越退化，以致灵性逐渐失去。现实生活中，这样令人惋惜的例子并不少见。

宋朝有个文学家叫王安石，他青年时曾在家乡看到过一个特别聪明的孩子，叫作仲永，很小就会作诗。可是，仲永的家长并不注意对他的培养，只是把他当作一个可以为他们谋利的玩物，带着他到一些"贵人"家里去"表演"，以便获得贵人的夸奖和财物的赏赐。等到王安石出外工作了一些年以后再回到家乡时，发现仲永竟退化成了一个毫无灵气、浑浑噩噩的普通人。有感于此，他写下了一篇《伤仲永》的文章，记载了这个发人深思的故事。

懂得了用进废退的道理，就要勤于学习、勤于思考，而且要善于学习、善于思考，才能勇于创新，充分发挥大脑的作用，也才能增长才干，提高我们认识世界、改造世界、改善生活的能力。

学习有各种途径：向周围的人学习，向古今的伟人学习，向书本学习，向实践学习……不过，不管通过什么途径，都要注意学习的方法。初看起来，学习只是接受和记忆已有的知识，而思考却偏重于理解、想象和创新。但是，所有认真学习过的人都知道：只有理解了的东西才能记得牢，也只有牢牢掌握基本的东西，才能得心应手地去学习和理解更广泛、更深刻的知识，并且进一步去创新。所以，善于学习的人总是把学习和思考有意识地结合起来。以我国杰出数学家华罗庚先生为例，他是从刻苦自学开始，又在国内外著名大学中进修和工作多年后，才在数学领域中作出了不少创造性成果，成为世界知名学者的。他自己介绍早年自学中的经验有四条：一是要踏实，从自己的水平出发，不好高骛远；二是要有周密的计划，经常检查；三是要多想多练；四是要以长期性和艰苦性克服所遇到的困难。在谈到读书方法的时候，他首先强调要用慢工夫打好基础，把基本的知识弄懂弄通。他形象地用"由薄到厚"和"由厚到薄"的譬喻，说明读书时学习和思考相结合的两个阶段：在读一本书的过程中，如果对各章各节都作深入的探讨，在每页上加添注解，补充参考材料，便会把它由薄读厚；等到对书的内容有了透彻的了解，抓住了全书的要点和精神实质以后，就会感到书本变薄了。越是懂得透彻，就越有薄的感觉。这并不是学的知识变少了，而是通过学习和思考的过程，把知识消化吸收了，变成了自己知识结构的一部分，书上原来看着很繁难的东西都变得很简单了。华先生还介绍一种更高级的把学习和思考结合起来的读书法：一本书拿到手，他不是迫不及待地把书打开去读，而是对着书名思考片刻，就开始闭目"想书"；首先回顾过去所读的同类书籍的一般写法和观点，然后设想，要是自己遇到这个题目，应该怎样去写，等这一切全部想好后，再把书翻开来"扫阅"。这样，凡是其他书上已有的或者自己已经知道的内容，就不必再看，只有那些独到的新见解，才值得去读；也很容易把它们吸收到自己头脑里原有知识结构中的适当位置。华罗庚先生的这些经验和体会，虽然是从自学和读书中得到的，但是它们包含的道理具有普遍意义。

可以说，不管通过什么途径去学习，总要在充分占有实际材料的基础上，经过质问、讨论和实验等工夫，去想，去试，看看前人或旁人的说法是否真有道理，是否真的符合自己当前所遇到的实际情况。只有把学的东西先在头脑中加工，用去粗取精、去伪存真、由此及彼、由表及里地予以分析，再经过综合、提高的创造性思考过程，才能针对当前的实际问题形成自己的看法，得到自己完全能够掌握和运用的、可以在实践中解决问题的真知。实际上，学习和思考本来是互相依存、互相促进的。光学习不用心思考的人，只是对他人经验生搬硬套和对书本知识的死记硬背，必然会迷失在浩瀚无垠的知识海洋中，不辨方向，不得要领，不能理解，不会正确地加以运用，自然更谈不上会有什么创新。这样的人只是一个毫无用处，有时甚至还会是误事的书呆子。战国时代，就有个这样让人引以为戒的呆

黄祖洽院士

子，他就是自以为熟读了兵书，夸夸其谈，结果打起仗来却大败于秦将白起，导致 40 万赵兵被活埋的赵将——赵括。

反过来，一个光思考不学习的人，缺乏基本知识，没有正确的出发点，成天只会埋头去考虑一些不切实际、没有根据的想法，便必然会受到个人思维的局限，偏离实际，掉到空想或错误的陷坑里不能自拔。他没有办法利用前人或旁人的经验和意见，不可能站在他们的肩膀上，扩大眼界，得到启发，有所发现，有所发明，形成更好的意见，达到新的、更高的认识，而只能成为一个劳而无功的，可笑的狂人。这样的狂人在生活中也是不难遇到的，例如直到今天仍然会偶尔出现的，某些自己宣布发明了这种或那种"永动机"的人物。

学习和思考能不能结合，不单是个方法问题，首先还是一个态度问题，也就是说，要看"为什么学习"的问题明不明确。例如：有的孩子把学习当成家长强加的负担，不认识这是自己健康成长的需要，因而不感兴趣，不愿用心多想一想学习的内容；有的成人学习只是为了取得一个文凭，作为求职、升官或向亲友夸耀之用，觉得马马虎虎

混张文凭就行了，用不着费心去思考；还有的人学点东西只是为了打发日子，当然更不会自找麻烦去伤脑筋，苦苦思考。只有那些树立了正确的学习目的，为了解决生活中和工作中所面临的问题，为了干一番事业，为了更好地为人民服务的人，像自学成才的许多有志青年，像在革命战争中学会了战争的开国元勋们，像为经济建设和国防事业作出了创造性贡献的科学家们和工程师们，他们有着明确的学习目的，自然会感到对真知的需要，自觉地认真开动脑筋，殚精竭虑地把学习和思考结合起来，为达到所追求的目的，面对各种层出不穷的新情况、新困难和新问题而不懈奋斗，不断去研究、克服和解决它们。希望我国的青少年，都能成长为这样的有益于国家和人民的人。

黄祖洽 理论物理和核物理学家。1924 年 10 月 2 日生于湖南长沙。2014 年 9 月 7 日逝于北京。1948 年毕业于清华大学。20 世纪 50 年代赴苏联进行科学研究。长期从事核理论、中子理论、反应堆理论、输运理论及非线性力学等方面的研究，是中国核武器理论研究和设计的主要学术带头人之一。参加和领导了中国原子弹理论的研究，对中国核武器的研制成功、设计定型及其他一系列科学试验作出了重要贡献。晚年在氢分子激发态的相互作用及强激光场中的原子离化过程等方面做了大量研究。曾任北京师范大学教授及低能核物理研究所名誉所长、第二机械工业部第九研究院理论部副主任、北京第九研究所副所长、中国原子能研究所副所长、《物理学报》主编等。1982 年获国家自然科学奖一等奖，1991 年获国家教委科技进步奖一等奖，1996 年获何梁何利科学与技术进步奖。是"两弹一星杰出贡献者"。1980 年当选中国科学院学部委员（院士）。

好的课外书、鼓励人向上的书，会成为读者的人生向导，它是读者的一面镜子，将使读者的视野扩大，也将成为读者的终身伴侣，而终生受益。

多读些好的课外书

李衍达

在中学时代，我最感兴趣的课程莫过于物理课了。物理老师吴蔚棠先生的课讲得富有逻辑，引人入胜，给我们展示了一个崭新的世界。课余借阅课外书，尤其是物理学方面的参考书，是我的一大乐趣。结果，一段时间以后，在中学图书馆我再也找不到可继续借阅的物理学的课外书了。看课外书使我学得主动、深入。

我的日记记录了一堂使我印象深刻的物理课。在那堂课上，吴老师提问让大家解答，"现在提第四个问题，请大家解答一下，电池内部电流是由什么构成的呢？请李衍达同学说说。"对这个问题我已想了一会儿，在站起来前几秒钟把要说的意思略略组织一下，我回答："荷电的离子受两极所造成的电场的吸引而作有规则的运动，负电离子向正极移动而正电离子向负极移动，组成电池内的电流。"吴老师不断点头表示赞同："他所说的是完全对的，答得很好，很完满。我再提一个问题，如何将导体中电流的意义扩大起来结合电池内部电流的构成，概括出电流的意义呢？"说着望望大家。我也早已想着，最后我认为电子与离子都是有质量的极小的微粒，可用微粒来代表它们。这时，老师的眼睛望着我说："可否请李衍达同学再来解答这个问题？"我站起来简短地回答："带电的微粒受电场吸引而作有规则的运动便组成电流。"吴老师马上点头说："回答得完全对而且能概括得这么到位。你想到了电子和离子一样是微粒吗？这次回答得更好，十分难得。李衍达同学一定事前看过很多参考书，对这问题有完全深入的了解，我教高中物理两年来没有同学回答得这么完整、这么概括的，这是难得的。你们大家对物理学都很用功，可是概括力不够，这就要向李衍达同学学习，他概括得很好，要知道这次他的回答是一点也没错，完全对。"这样的夸奖，对吴老师来说也是极其罕见的。课外书对我确实有很大帮助，我在课外书中看过一些有关溶液电流问题，我已想到离子可能运动，而物理课上老师曾提及"在金属中电流只是电子移动，离子是不动的，但在其他物体中情形可不是这样。"这几句话，其他同学听起来可能感到没什么，却触动了我的思想，更肯定了我的理解，这次课堂上的答问，我是结合看课外书与上课时的心得而作出的，因为这些问题当时在高中的物理课上是不会讲到的。

实际上，我看课外书的范围很广，绝不仅是在物理学方面。例如，我有计划地看过《列宁生平事业简史》，也看过《玛琳娜的生活道路》，并作了笔记，我在日记上写道："这本书太好了，给我很大的启示，我这时期很喜欢看书，人简直不可以缺少书，我尤其喜欢看关于英雄成长的书，关于崇高品德的书，我喜爱那些英雄人物。一个人的美丽不但表现在外表上，更主要是在他的内心，他的品格是否高尚。玛琳娜的好是在她有不断的上进心、忠诚的性格、勇敢坚毅的精神……"

看过这些课外书后，我便主动与伙伴们讨论什么是人生。好的书对我是这样的重要，以至于我在日记上感叹："我简直不能离开书本一天而生活，图书馆是最迷人的地方，这种感觉早在高一时已深切感到了。"我喜爱马克思说过的一句话：我愿意做一条蛀书虫。

　　在医院里，我借了一本《几何题解一百道》来看。从医院出来以后，我不仅自己补上了几何课程，而且在几何方面有了很大的进步，使同学们都感到惊讶（叶雄　绘）

李衍达院士

由于书籍扩大了自己的眼界，因而又渴求知道更多的东西，在整个中学期间总感到时间不够用。恨不得一天能有 48 小时。正是在这样的环境中，陶冶了我的情操，培养了我的自学能力与自觉精神。

自学、阅读课外书对我的一生帮助很大。还是在高中时，由于得了严重的痔疮，我在医院动手术，缺了近一个月的课，这时正是几何课最重要的一个学期。在医院里，我借了一本《几何题解一百道》来看。从医院出来以后，我不仅自己补上了几何课程，而且在几何方面有了很大的进步，使同学们都感到惊讶。

另一次经历是在 1979 年，那时我作为中国第一批赴美访问学者到美国麻省理工学院进修。由于当时环境的需要，我进修的主要内容是数字信号处理，这在当时对我国来说是一门新学科。我的指导老师是世界著名的信号处理专家奥本海默教授。鉴于我对数字信号处理还处于刚入门的阶段，奥本海默教授计划在一年多的时间里主要让我学习几门课程，以此作为我进修的主要内容。而我觉得，如果仅仅学习几门课程，何必要横跨万里大洋跑到美国来呢？因此，我打定主意，不仅要补学这几门课，还要学习、了解麻省理工学院数字信号处理小组的最新研究成果与研究方法。为此，就必须进行课题研究，而且是前沿性的研究工作。不入虎穴，焉得虎子？为了能在短短的一年多时间内完成这一计划，我就采取超常的学习方法。在暑假以后，我自学了数字信号处理的基本内容，同时补学有关的课程。结果，我在较短的时间内学完了几门必修课程，及时地开展了前沿性课题研究的工作。在不到一年半的时间里，我不仅完成了课程学习任务，而且研究工作也取得较重要的新成果。

我之所以能较易地通过自学转向一门新学科，实在是得益于中学时代阅读的课外书，以及在清华大学读书时所受的严格训练和打下的扎实基础，也得益于从课外阅读中所培养的一股奋发向上与自强不息的顽强精神。

好的课外书、鼓励人向上的书，会成为读者的人生向导，它是读者的一面镜子，将使读者的视野扩大，也将成为读者的终身伴侣，而终生受益。

同学们，喜爱书籍吧，多读些好的课外书吧！

李衍达 信号处理与智能控制专家。1936 年 10 月 12 日生于广东东莞。1959 年毕业于清华大学自动控制系。主要从事信号处理理论和地震勘探数据处理方法的研究。在信号重构理论方面，提出了应用幅度谱和部分采样点重构信号的新定理；提出了利用相位重构技术估计时延的新方法；提出了仅用幅度谱重构最小相位信号的新算法；与合作者在用不完全投影重建图像问题上，提出了新的投影关系定理；在将信号处理、模式识别技术应用于地震勘探数据处理方面，提出了利用测井资料提高地震剖面分辨率的新方法，以及高分辨率速度谱估计方法；与合作者提出了采用 POCS 图像复原技术恢复波阻抗剖面的方法；提出了基于零、极点估计的子波估计与反褶积方法等。曾获国家自然科学奖，国家教委科技进步奖等多项。1991 年当选中国科学院学部委员（院士）。

对于整个物理学和科学来说，你需要有一颗追根究底的好奇心。是的，每个人都应提问题，很困难的是能提出关于未来的物理学的问题。我一直认为从事物理学是很幸运的，我们能够不断地前进。

向被证明的"真理"提问

——李政道访谈录

李政道

史密斯（以下简称史）：您好，李政道教授，欢迎来到斯德哥尔摩。您与杨振宁一起获得了 1957 年的诺贝尔物理学奖，2007 年您回到这里庆祝该奖项颁发 50 周年。您认为公众当年和现在对诺贝尔奖的认识有改变吗？

李政道（以下简称李）：让我来评论公众的观点，也许并不是非常合适。但如果说公众的看法改变了很多，我肯定不会感到意外。虽然诺贝尔奖在 1957 年已完全为公众所知，但毕竟那时它只有 56 年的历史。到今天，诺贝尔奖的设立已经一个多世纪了，我认为诺贝尔奖，至少在物理学方面，见证了整个物理学从 20 世纪到 21 世纪初的发展，这是一个令人激动的时代和惊人的纪录。

史：您得奖时，是否为您举办了庆祝派对，就像现在所做的那样？

李：是的。我认为诺贝尔奖从一开始就受到大家的重视，因为那是一个重大事件。

史：1957年该奖项的奖金和现在相比少很多[1]？对于获奖的轰动性来说，并没有太大的改变。人们在当时做的事情和现在几乎没有太大差别，对吗？

李：是的。我认为人们一贯是十分重视的。

史：您推翻了物理学的基本定律之一从而获奖。我的理解，您指出了在基本粒子的弱相互作用中宇称不守恒，认为基本粒子具有一种手性，它们要么是左手性，要么是右手性。人们能够通过探索来改变他们对于基本物理规律的理解。现在是否仍然如此，还是那个时代已经过去了？

李：我希望依然如此。对于自然界的每一项理解，总是使我们面临更深一步的谜团。

史：我记得1973年诺贝尔物理学奖获得者贾埃弗[2]在一篇演讲中提到费恩曼[3]，他说费恩曼非常享受作为物理学家的乐趣。费恩曼说，现在正是发现自然界基本规律的大好时机，而这个时机是千载难逢的。费恩曼的话多少意味着，他是在最适当的时候成为了一名理论物理学家。

李：我时常想，很多人，特别是对于那些成功的人来说，常常觉得是恰逢其时。但是如果认为时不再来，我并不同意。

史：对。您在发现弱作用中宇称不守恒后很快获奖，这在任何时

---

① 1957年诺贝尔奖金额约为20万瑞典克朗，现为1000万瑞典克朗。

② 贾埃弗（I. Giaever），因实验发现半导体和超导体的隧道效应而获1973年诺贝尔物理学奖。

③ 费恩曼（R. Feynman），由于在量子电动力学基础方面的贡献，从而对于基本粒子物理产生了重要影响，在1965年与朝永振一郎（Sin-Itiro Tomanaga）和施温格（J. Schwinger）共获诺贝尔物理学奖。

候毫无疑问都是一件不同寻常的事，特别在现在看来这样的事情就更不寻常了。

李：很难说。我们首先要问为什么发生这样的事情，不是问为什么你在一年内获奖，而是问，为什么一个很深奥的概念，在一年内，每个人都认识到它是真的。这是我们必须要去问的，而不是去问获奖本身。

1957 年 12 月 10 日，李政道接受诺贝尔物理学奖

在探索物理学的过程中，有很多比宇称更重要的发现。所有伟大的发现都有一种模式，源于人类探索自然界的热情。比如相对论，一个卓越的概念，后来被确认是正确的。但当初概念形成时，要证实它，需要一段时间，因为所有的实验证据和理论想法通常是相互关联的。比如，以迈克耳孙—莫雷对于光速与地球的自转无关的实验测量为例，你可以顺着地球自转方向和逆着地球自转方向测量光速。如果这一测量可以一下子就做出很明确的结果的话，每个人都

会认识到其中有着某种特殊的意义。但是，实际上那个实验测量前后经历了数十年，实验结果是正是负的差异极小，实验的艰难影响着理论概念的形成。所以一个理论概念，即使是爱因斯坦的狭义相对论，也需要时间来验证。正因为实验要时间，理论家提出概念也要时间，那么获奖的时间就要更晚。但是关于宇称概念的情况大不相同，在宇称不守恒提出后，吴健雄和安布勒等开始做实验，几个月后有了结果，尽管是初步结果，但是一旦大家认识到宇称不守恒理论是正确的，就有人去做实验。而在几天内就看出了左和右，在一个月内近百项不同的实验也都有了结果。其实，只是因为有一种心理障碍，因而没有人去做实验研究它而已。

史：您在理论工作中给出了需要测量的参数，之后就没有什么技术障碍吗？

李：吴健雄的实验并不是很容易做的，但是它肯定能验证我的概念。吴的实验需要一个低温环境，她花了几个月的时间，虽然算是短的了。那是一个百分之百的效果，因此我毫不怀疑其准确性。接下来的几天之内，十多个实验做出来了，在一个月内，有近百项实验都做出来了。因此，该理论的准确性能够在短时期内毫无异议地被核实，也使诺贝尔基金会较容易作出决定，这也许可以解释我很快获奖的原因。

史：以爱因斯坦的相对论为例，必须等待日食的出现，才能做一次验证性的测试。

李：的确。由于理论思想和实验精确度通常相互关联，一方有所进展，另一方有时需要花费十年时间去验证其正确性。即使在最好的情况下也要不少时间。

史：让我们集中讨论一下您提到的一点，需要改变人们已有的概念，人们已经接受了宇称守恒，他们不能跳出这个概念，是吗？

李：这种说法只是部分正确。因为宇称是一个相当古老的概念，当量子力学开始发展的时候，人们从对称性认识到宇称，之后有检验其存在的许多实验，还写了书。但是，认真分析这些实验，发现它们并不是验证。虽然宇称的概念被人们使用并且检验过，拟合过数据，但是实际上数据并没有支持左右对称或者左右不对称。一个非常好的例子是考克斯①等在 20 世纪 30 年代做的实验，他的第一个实验用电子去尝试验证理论公式，结果并不符合理论。当时每个人都说实验是错的，因为违反了宇称守恒。然后他改变了实验。事情是这样的，他的第一次实验用的是来自 β 衰变的电子，其束流较弱。第二次他改用热发射电子枪，结果就与理论符合，皆大欢喜。这是一个人们是这样相信宇称守恒的例子。

史：在 20 世纪 30 年代，人们在 β 衰变中寻找过这个问题，在那个实验中已见到宇称不守恒。

李：那个实验的电子源较弱，人们试着去加强，用更强的电子源去重复实验，然后核对。但是强的电子源不是 β 衰变，而是热电子发射，因此两次实验互相不符合。没有人质疑第二次实验，人们一致认为它是正确的。人们在许多场合运用宇称的概念，他们发现实验与这个概念一致，因此便认为已经进行了验证。我是说有上百次实验，而不仅仅是一次。

史：所以，您和杨教授一起把所有的实验证据都检验了一遍，看是否支持宇称守恒？

李：在物理学上作了全面的检查，我们得出结论，到那时为止，没有什么证据可以证明宇称守恒，因而必须用特定的实验去检验它。现在做这种实验的技术已经成熟，因此一旦理论有所发现，在短时间

---

① 考克斯（R. T. Cox）的文章参见：R. T. Cox et al, Proc. Natn. Acad. Sci. U.S.A., 14（1928），544。

内，几天的时间内实验就做出了突破性的结果。在几个月的时间内就毫无疑问地证明了宇称不守恒这个真理。

李政道博士在授课（20 世纪 80 年代初）

史：下一个问题：是什么原因使得少数人在他 30 多岁，20 多岁出来挑战这种公认的理论呢？

李：我认为起因之一，是在宇宙射线中发现的称之为奇异粒子的特性，我们称之为谜。说来话长，简单地说，有这么一个谜，有两种粒子，很明显它们是不同的，因为它们有不同的宇称。但是在实验误差范围内，所测出的它们的寿命、质量都相同。为什么它们是这样一个双重态呢？

史：这项发现是您和别人所观察到的吗？

李：不是我，是实验学家观察到的。我只是看到了他们的工作。这个激烈争论之谜，在我们发现宇称不守恒之前两三年就有了。可能我是以不同的方式来学习物理学的，因此我用不同的方法，带着刨根问底的好奇心去挑战已证实的问题，也许我自己的背景导致了我的这种思维方式。然后在 1956 年，有一个关于奇异粒子的实验，这个实验是由施泰因贝格尔和施瓦茨等完成的。他们后来在我所在的哥伦比亚大学的实验室合作另一项实验而获得了诺贝尔奖①。1956年，他们的实验结果显示了宇称不守恒。但是，由于所得的事例不够多，因而不够明确。然而一旦有了这个实验结果，我认识到可以推广到其他方面，特别是用在 β 衰变方面。第二个测试——吴健雄的实验，采用流强较大的 β 衰变源代替宇宙射线或加速器产生的电子。这一实验证实了宇称不守恒。这要用不同寻常的思维去思考，跳出先验的左右对称的概念。

史：您的背景让您总是向已被证明的"真理"提问。那么，是否所有的理论物理学家都要不断地寻找真理，质疑以前的知识基础呢？

李：这个不好回答。不过，我自己开始进入科学的大门是与别人不同的，也许就是因为这个原因。我受的教育因战争而中断。所以，我并没有真正从头开始受过正规的培训，而是在中途学到了更多。

史：您出生在中国，是什么让您对物理学产生了兴趣呢？

李：我出生在一个知识分子家庭。1941 年，也就是日本偷袭珍珠港那一年，我离开了家。当时我并不知道什么是物理学。从那时起到我来到美国之前这段时间，我的教育在中学四年级中断了，一般应该在中学六年后才上大学。在战争时期，我只上了两年大学。在那段时期，我没有系统地学习，因此倾向于用我自己的方式更深入地思考。

史：关于您学习方面的一些事情，您是从身边的环境中学习的，您渴望学习，但在那种困难的时期，世事多变，而您的愿望一直是学习。我想如果我亲身经历的话，那时候生存也是很困难的吧。

李：是这样的。学习和学习物理学，后者是前者的子集，它们并不等同。我的家庭是知识分子家庭，但不是学物理专业的。以前我不

---

① 施泰因贝格尔（J. Steinberger）、施瓦茨（M. Schwarz）和莱德曼（L. Lederman）因实验发现 μ 子中微子而获 1988 年诺贝尔物理学奖。

知道任何关于物理学的知识。我接触物理学是偶然看到物理学书籍，书中讲自然规律。传统的中国式教育非常不同，书本中讲的不是自然规律而是大量的行为准则。我相信，自然规律是客观存在的，如牛顿定律。使我发生疑问的是"为什么"，这激发了我自己的判断思路。我想，这或许是我与其他幸运而接受了系统教育的人不同的地方。

史：您学习物理学没有受过正规的教导，您怎样自学有关的数学呢？

李：数学比较容易，因为是从条件推出结论，相对来说容易些。物理学更难，我清楚地记得我当时的反应。我偶然看到了一本书——《达夫物理学》[①]，然后看到一本中文物理学教科书[②]，我知道了牛顿的三大定律，感到很有趣，它们是自然的法则。第一定律、第三定律，都很合理。牛顿第二定律 $f=ma$，我认为是牛顿最伟大的贡献。我学习时的反应依旧生动地保存在我脑海中。方程式左边是 f，并不知道它是什么。右边是加速度，这是要把它求出来的。我思考并查阅书籍，了解到在两种情况下，牛顿认识到力是空间的函数。这个函数是与弹性有关的，f 与距离 R 有线性关系，另一种情况是重力。所以，一旦左侧是一个已知的空间函数，就可以解这个方程式，求出右边加速度的值。我感到这很有趣。但是，这不是我在书中看到的，而是我自己的入门过程。

史：当您有这些想法时您多大？

李：16 岁。在中国比较幸运，在战争期间，即使你没有接受过正

①《达夫物理学》(*Duff Physics*) 是 20 世纪三四十年代在美国流行的大学普通物理教科书，在中国有影印本。

② 李政道曾经讲过，那本书是 1933 年出版的萨本栋编著的《普通物理学》，是我国首次用中文正式出版的大学物理学教材。此书在 20 世纪三四十年代被各所大学选用，我国当代科学技术专家中不少人在年轻时都学习过此教科书，至今谈起来犹感受益匪浅。

式的教育，同样有机会读大学，以同等学力报考。只要你能证明自己的能力，就可以进大学，当然要困难得多。我读了两年大学，然后我得到奖学金去芝加哥大学留学，在费米的指导下做研究生。

史：这样，通过您自己读物理学，您开始质疑正在阅读的有关定律。您花了短暂的时间在中国的大学里学习物理？

李：是的，然后我就去了美国。我很幸运，在战争年代，我得到深造。由于战争，我竟然在两所不同的大学就读。在第一所没完成学业，由于战火而逃难；第二所是在昆明。但在这两个地方，教授都非常好。我是一位二年级学生，只要参加考试，就可以念任何我想念的课。当时，我试图在整个学院内跨越年级选修课程。这就是为什么我能得到在美国读研究生的奖学金的原因。

史：您说在整个学院内跨越年级选修课程，您指的是物理学还是全部科目？

李：物理学和数学，我并没有学习其他方面的课程。大学里的教授都非常好，他们给了我很大的自由。

史：所以，您以优异成绩毕业，赢得了奖学金，使您能进入美国芝加哥大学？

李：是的。我并没有毕业，但是得到了奖学金。正是这个奖学金让我在战后，也就是 1946 年到美国学习。因为我当时没有本科学位，被研究生院录取是非常困难的。费米那时在芝加哥大学物理系，系里作了很大的努力，最终我成了费米的博士研究生。

史：多么不平常的过程！ 1938 年诺贝尔物理学奖获得者费米教授接收一名来自中国的没有学位的学生到他的实验室工作，那是怎样发生的？

李：让我现在去问费米教授已经来不及了。

史：但我要弄清楚一点，他是如何了解您的呢？

李：事实上，我从来没有请求过他，但是之后我从芝加哥大学了解到，物理系和系里的几位教授，包括费米，都希望破例录取我。你看，我只读了两年大学，但是在那里我学到了非常深刻的学习物理学的方法，这对我来说是一个难得的经历。

1959 年，李政道、杨振宁与几位曾获诺贝尔奖的物理学家合影

史：但是，他们是怎样发现您的？ 由于这奖学金而使您到芝加哥大学，他们是怎样选中您的？

李：是我自己申请进芝加哥大学的，在很短时间内，我被录取了。当然，我并不太了解具体的录取手续。芝加哥大学是很有名的大学，"二战"后名声更加显赫。我在 1946 年进入芝加哥大学时，物理系只有一位诺贝尔物理学奖得主，就是费米。1946 年到 1956 年，当时在物理系的学生和教师中，如果我数的话，除了费米外，在当时和后来一共出了 11 位诺贝尔物理学奖得主。那是一个非常好的时期。

我随便提几位诺贝尔物理学奖获得者，张伯伦①、施泰因贝格尔、

———

① 张伯伦（O. Chamberlain）因发现反质子而获 1959 年诺贝尔物理学奖。

玛丽亚·迈耶①。

史：费米作为一位导师是怎样的？人们喜欢跟他一起工作吗？

李：他只有非常少的几名学生，我是他理论方面的学生。每周我们都花一个下午的时间交流，就我们两个。

史：您是他的理论学生，那么在当时他只有一位理论学生吗？

李：是的，当我是他的学生时，他只有一位理论方面的学生和几位实验方面的学生。他每星期要花一个下午来跟我讨论，这是非常耗费时间的。那时正值"二战"之后，他正处于事业的顶峰。后来，我体会到这样做是非常好的。

史：您感到很好吗？准备每次下午的讨论，你觉得有压力吗？

李：之后，我认识到这是一种非常好的方式，让我知道不少事情。他叫我"李"（因为我的名字"政道"对他来说发音太难了），"要不你准备一下，下周给我来次讲座？"他每周都有准备，我很高兴能给费米作报告，这是师生互相理解的一个非常好的方法。他提出问题，我作回答。一切都需要作证明，给出是什么原因。后来，我意识到这是费米的巨大的努力，通过一对一的指导，传授知识，建立学生和年轻人的信心。这就是为什么费米有许多优秀学生的原因。

史：他选择的学生都是高标准挑选的？

李：的确。他没有时间带更多的学生。他本人非常忙，除了建造回旋加速器、做实验外，在"二战"后，他在发现 π 介子方面作出了重要的贡献，他开创了人工利用原子能的先河。我一直铭记费米是一位伟大的老师，也是一位伟大的物理学家。我从他那里受益匪浅。

史：他于1954年去世，在您获得博士学位后有一段时间您不太熟悉他的工作。在那段时间，您一直保持跟他联系，还是您就自己做

———————

① 玛丽亚·迈耶（Maria Goeppert-Mayer）因发现原子核壳层模型而获1963年诺贝尔物理学奖。

研究呢？

李：是的。当我经过芝加哥的时候，我会去拜访他。他总是非常友好，并且还邀请我去其他地方。我的感觉非常好。回头看，就像当你年轻的时候有父母的照顾一样，但是到你长大后才能深刻体会。

史：很遗憾他没能再等三年，看到他的天才学生因证明宇称规律而获奖。

李：对于他来说，我想影响他健康的部分原因是他曾被辐射伤害过。

史：他去世时太年轻了。您从他那儿学到的教授学生的方法一直在您自己进行的教学生涯中运用吗？

李：是的，我也用，我也总是花整个下午的时间与我的博士研究生交流。当然具体也会因人而异。

史：我想真正能运用这种高效方式的人是很少的。

李：那是因为费米是一位好老师，而我不是。

史：您希望能教给学生什么呢？

李：尝试着把对物理学的喜爱传授给年轻一代，当然还要上课教书，上课教书是面向一批人的。

史：您仍然与学生有一些互动吗？

李：现在我还在大学里，由于我的年龄大了，直接的上课教书我不再做了，但我还是和我的同事们一起做研究工作。

史：您有没有想过，您学习物理学时是带着追根究底的好奇心去学习的。我猜想，大部分聪慧的年轻物理学家都是按照常规途径学习物理学的。因为他们已接受和遵守已有事实，不总是带着追根究底的好奇心。当您遇到他们时，您能教他们更加好问吗？

李：我不知道。我想这个问题不能明确回答，因为每个人都不同，你可以看到，大部分的问题是你如何去提问，这与个人的性格和过去的经历有关，因此这件事说不清楚。对于整个物理学和科学来说，你需要有一颗追根究底的好奇心。是的，每个人都应提问题，很困难的是能提出关于未来的物理学的问题。我一直认为从事物理学是很幸运的，我们能够不断地前进。

史：您能否谈一下，在您的职业生涯中会碰到各种问题，那么在不断发现新东西的过程中，您是如何选择哪个问题是要去研究的？

李：这个问题很难回答。通常是指按什么准则，首先必须找那些吸引你的东西，让你觉得这就是未来的发展。然后要问：假如答案是这样，会有什么样的结果；假如答案是那样，结果会是怎样。如果问题是基本性质的，不管得到什么样的结果，它都有巨大的影响。那么，你应该努力看能否找到答案。这也许是衡量哪一类问题是你应努力去解决的准则。

史：有一件事您没有提到，就是您是如何解决问题的？

李：考虑一段时间后，立刻进入这个问题，从几个方面着手去解决。一方面是靠自己思考，另一方面也许是通过新的实验给予的启示，然后将两者结合。如果能从实验的参数得到更多信息，那么这个问题就可能被解决。在这样做了以后，如果问题还不能解决，应该问不同的问题，再尝试着去解决，就这样继续前进。

史：您有一份问题的清单吗？我的意思是在您职业生涯中，除了成功解决的外，您涉及的问题中还有没解决的吗？

李：没有解决的问题的数目是解决的十倍之多，但是应该坚持不断地提问题。重要的是，当一个问题导致了一个领域的发展，而开始蓬勃发展时，你就应该问不同的问题了，因为留下的是一些更细节的东西。要继续前进，就要坚持不断地尝试新的问题。

史：目前，我看到您的一项工作是用新方法解薛定谔方程。这方面我不太了解，但我很感兴趣为什么您要用新方法去解像薛定谔方程这种已经被解决的问题?

李: 主要是因为我有新方法去解它,假如有新方法去解的话,你也会想去尝试的。事实上,目前我在两个方面做工作。我有了一个解薛定谔方程的新方法,对于某些种类问题,我的求解方法可以从高一点的能量向严格解趋近,也可以从低一点的能量向严格解趋近,这样可以同时得到解的上限和下限。得到下限的技术过去还没有在求解上用过。我很偶然地跟我的同事一起想到了这样的方法。然后我们试着去发展这个方法。几年前,我用这种方法解薛定谔方程,并逐步发展。现在,我开始做另一类问题,进入理解粒子结构的新时期。

史: 您总是寻找非常复杂的问题,好像您总尝试着去寻找那些问题,正如您所说的,可以开辟一条还没有被很多人开发过的新路,它好像就在您面前,您就挑战这条新路。听起来,好像这些问题需要由一个人单独花大量的时间去解决?

李: 也许是,也许不是。举一个具体的例子,这正是我现在所做的工作。什么时候可以得到答案,我不知道。今天的物理学很像100年前的物理学那样,不过问题更深入了,挑战也更大了。这与20世纪50年代的物理学不同。20世纪初的物理学与20世纪中期我开始物理学生涯时的物理学是有所不同的,而今天的物理学与20世纪初的物理学很相像。

史: 哪方面很像呢?

李: 这需要花一点时间来说明。首先看20世纪50年代中期的物理学,正是"二战"后,物理学磅礴发展,费米正好是领头人。从宇宙射线和新建的加速器得到的新信息推动着刚刚开辟的领域,我认为,那时几个月的工夫,就会有新物理学产生,宇称的问题就是在那时冒出来。如果看看过去50年诺贝尔物理学奖的记录,那个时期是非常令人兴奋的。现在再看看20世纪初诺贝尔物理学奖,你觉得当时的物理学怎么样？当然非常棒。但是时间的节拍不一样，那不是几个月而是几年才会有所发现，是更加深奥的问题。1905 年狭义相对论、1912 年玻尔原子模型、卢瑟福的 α、β、γ 射线，所有这些重大的发现都是在 20 世纪初。然后再看看 20 世纪中期，那个时候研究的步伐越来越快了。但是，假如你问研究的深度，也许 20 世纪初要更深入些，现在我们正处于这样一个时期。

史： 真是很令人兴奋。我们如何再次进入辉煌时期？发生了什么呢？

李： 现在这个时代将发现什么？在宇宙中，除了我们不清楚的暗物质、暗能量外，已知的物质只占大爆炸所产生的宇宙的 5%。它们是由什么成分构成的？远远超出了质子、中子的范畴。我们要问已知物质的基本成分是什么，现在我们知道是由六个夸克和六个轻子构成。50 年前发现宇称不守恒时，我们只知道两个基本粒子。50 年前和 20 世纪初大不一样，现在是探寻新物理学的新世纪的开端，就像 20 世纪初探索 α、β、γ 那样。

史： 看来，现在我们正在为开始探索下一轮深层次的疑难问题提出方向？

李： 是的。现在我们知道，所有已知的物质是由六个夸克和六个轻子构成。在 50 年前，并没人知道六个夸克，甚至有人对此提出过质疑。至于六个轻子，那时我们只知道电子和 μ 子，那时提出的中微子也不是我们现在所知道的真正的中微子。我们现在正处在与 20 世纪初类似的一个时代。

史： 我感觉在 20 世纪初，人们有更多的时间坐下来思考，然后慢条斯理地工作，而现在生活的节奏太快了，每个人都关心着筹措经费，在下一代对撞机上做实验，大学的院系怎样才能发挥他们的功能呢？人们已经没有沉思的空间了，可能理论物理学不是这样的？

李：噢，大多数人也许是这样的。但是，如果想培育下一世纪的诺贝尔奖获得者，那不是正确的道路。

李政道院士出席上海国际科学与艺术展开幕式（2011，方鸿辉　摄）

史：这不是诺贝尔的本意，给人们钱，并不是为了鼓励人们追求奖。

李：我要说的是，现在是一个非常令人激动的时代。物理学正处在一个极其富有挑战性的时代，就像20世纪初那样。20世纪的前25年，相对论、量子力学相继被提出。20世纪中期，当我开始做研究的时候也是很兴奋的，但是时代不同，因而我们以更快的步伐做研究来发展相对论和量子力学。今天，我们面临着与20世纪初期同样巨大的挑战，并且相信我们做出的结果将与相对论和量子力学具有同样深刻的意义。

史：那些刚进入物理学研究的人是否知道这些信息呢？那些年轻人认识到他们将面临的挑战吗？

李：我不知道。但是，我想很多人可能还没有意识到，因为他们以为物理学已经过时了，我认为这是完全错误的。在我们的宇宙中，除了暗物质和暗能量外，我们已知的物质的基本成分是 12 种，但 50 年前我们仅仅知道两种。现在是一个非常激动人心的时代，我们期待新的爱因斯坦、新的玻尔、新的费米的出现。

史：这非常富有挑战性，非常惊人。

李：我感觉对于年轻的一代，这是非常剧烈的挑战。对于你来说，《诺贝尔奖新闻》将报道下一个爱因斯坦、玻尔，或者费米，真正的巨人将会出现。

史：您事业中的另一大方面，是管理运行由您的努力而建立的一些大型研究机构，比如担任 RIKEN-BNL 研究中心[①]的所长。除了喜欢挑战重大问题之外，这也是您所喜欢做的事情吗？

李：在某种意义上，这样我能看着它发展。也许你要问为什么要这样做？人们要问这个问题。

你知道，为了寻找答案，需要集体的努力。一个人能做他所擅长做的任何事情，但是对于物理学的探索，需要一种集体的模式。我几年前有一个想法，现在我坚信它是跟暗能量和宇宙学常数相关的。换句话说，在所有我们已经发现的场中，其中有一个惯性场。什么场能够改变惯性呢？我相信那个场就是大家称之为"希格斯场"的场。我们已经发现了 W、Z 和所有在电弱相互作用中的新粒子，以及光子。我们没有发现引力子，但是我们相信它是存在的，它还没有被发现只是技术上的问题。已发现的场的粒子都有自旋，有角动量。希格斯场的角动量是零，它还没有被发现，我想这是由于我们用了找共振的方法去寻找希格斯粒子，不是所有的粒子都能被共振的方法所发现。任何有复杂结构的粒子都不能被共振的方法发现。一个很好

---

① 理研-布鲁克黑文研究中心（RIKEN-BNL Research Center, RBRC），是日本理化学研究所（RIKEN）和美国布鲁克黑文国家实验室（Brookhaven National Laboratory, BNL）于 1997 年联合成立的研究单位，李政道对研究中心的成立起了很重要的作用，并任第一届所长，现任所长为萨米奥斯（N. Samios）。

的例子是超导的"库珀机制",即"库珀对"①。库珀因而获得了诺贝尔奖,但是也不能用共振的方法去发现库珀对。库珀对拥有很多耦合道,因而它很宽,所以它不能被像针一样地捡出来。这就是一个集合模式,需要用不同的方法去寻找集合模式。

希格斯场有类似惯性的变换。因此,如果取一个较大体积,希格斯场就有一个平均值,而且定义它跟惯性的值成比例。因此,如果此值改变,这一体积内的每一个粒子的惯性也随之改变。这种集合模式我们从没有在实验中研究过,这需要用重离子碰撞去实现。因此,大约在30年前,我和我的同事威克(Gian-Carlo Wick)尝试提出一种理论模型,我们意识到需要用相对论重离子碰撞去改变背景。也许这个想法是正确的,这也是为什么建造相对论重离子对撞机②的原因。我们为此在实验上做了极大的努力。我并没有做这个实验,但我愿意鼓励人们参加,这也是我为什么尽力帮助实验物理学家去建立新的装置。在新的领域中,现在至少已有了一些初步的成果。

史: 您是运用您的组织能力去推动它的建造,使它运行起来的。是吗?

李: 更准确地说,我更想鼓励别人去做。我指出了这个物理学方向,尽全力支持。我要指出很重要的一点,没有集体合作,我们就不能前进。物理学不能只靠一个人的思索去探索,需要一个集体合作的模式去发展,就像自然界中的集体模式那样,也是集体的成果。我们需要集体的努力,因此我一直潜心花一部分时间去帮助年轻人,同时也帮助实验学家组织起来去探索自然。

① 库珀(L. Cooper)、巴丁(J. Bardeen)和施里弗(R. Schrieffer)在1972年因超导BCS理论获得诺贝尔物理学奖。

② 相对论重离子对撞机(Relativistic Heavy Ion Collider, RHIC)1999年在布鲁克黑文国家实验室建成。可加速金原子核,让两束金原子核对撞,金原子核的每个核子的能量达100吉电子伏。

史：是啊，相对论重离子对撞机是大家合作的成果。

李：是的，他们一起合作。仅在两年前，物质的集体运动模式被美国物理学会认为是一大发现。这个集体运动模式的性质仍然不太清楚。可能是夸克—胶子等离子体，我十分相信最终能证明它和暗能量是同一种东西。也许对，也许不对，但值得我们努力探索。宇宙学常数自从大爆炸以后就已经改变。为什么现在 75% 的能量都是暗能量？这就是我们的宇宙，我们必须去了解它。暗能量可能是简单的，跟希格斯场是同一种东西。我相信这可能是一个答案，但必须查证它。而且不能够仅仅根据纯粹理论的思考去查证，需要实验，需要把大家组织起来共同工作。我认为这非常令人兴奋。

史：另一件事情是您花费了大量的时间来促进美国和中国之间的关系，而且您设立的奖学金项目培养了一大批中国科学家。您可以说点这方面的事情吗？

李：我只谈其中的一部分，特别是 CUSPEA[⑬] 项目，从 1979 年开始到 1988 年止。那时因为中国经历了"文化大革命"后刚刚起步，中国的大学毕业生没有办法去美国、加拿大或者其他地方深造，这不单单是钱的原因。因此，我在 10 年时间内为物理学方面的学生的深造作些贡献，其他学科的朋友把这个事情扩展到其他方面。在那段时间，每年大约有 90 位学生入选当研究生，并且免去所有费用。我尽我个人的力量，做得非常成功。这些人，这些研究组，其中的一些在美国，有一些在中国，共同为今后的发展努力。我常想，假如当时

---

① CUSPEA 的全称为 China United States Physics Examination and Application Program（中美联合招考物理研究生项目），是由李政道提出设立的。从 1979 年开始试行，到 1988 年截止，共送出 915 名学生通过 CUSPEA 项目进入美国一流大学攻读博士学位。所有费用都由美国大学提供。李政道为此项目亲自参加全部具体工作。

后来，吴瑞教授扩展到生物学方面，名叫 CUSBEA。

没有我在中国的导师和费米教授的帮助，不会有今天的我。

史：听起来像您以您的工作方式去做这些事。的确，如果没有CUSPEA项目，很多人才将会丧失。我认为中国物理学者显然正在强大起来。由于需要的发展，正如您提到的，不断要求新的联合的实验设备，这意味着物理学发展更需要全球性合作了吗？

李政道院士

李：是的，我是这样希望的，我认为这样做非常好。

史：不单单是物理学，很多学科的研究花费越来越多。一些小国家越来越难以维持做研究的经费。在物理学方面，在基本的物理学方面，情况也许不是这样。

李：是啊，我们也有同样的问题，因为公众对物理学的支持减少了，部分原因是我们没有很好地强调研究自然的基本的重要性。假如与大多数物理学家谈及此事的话，他们可能不会同意我的观点。换句话说，物理学不是数学，任何我们在宇宙中不了解的事情都是一个挑战。对于物理学的自然现象，我们必须找到答案。不能只是生活在大爆炸后的宇宙中，而不去努力地理解它。

史：人们是否把大量的注意点集中在与人类日常生活密切相关的应用知识上，而不在对自然的探索上？

李：我们来看看万维网（WWW）。它来自哪里？它是1993年至1994年从欧洲核子中心发展出来的。由于欧洲核子中心加速器的复杂性，他们发展了一种系统，即万维网，作为传递数据的系统，就这样发展起来了。欧洲核子中心决定把万维网无偿地推广给整个世界。在一年之内，就发展到每个人都能免费使用了，但是现在没有人知道它来自高能物理。如果欧洲核子中心要向每次使用收一分钱的话，欧洲核子中心将会有充裕的经费。这些都需要让公众了解。

史：科学实验所开创的应用将会以料想不到的方式发展吗？

李：到现在为止，所有的新技术，包括激光和其他新技术都来自于物理学。在我看来，物理学未来的发展很重要。生物学很重要，但其源头是物理学。

史：这几年中，有许多事例，比如一位诺贝尔医学奖得主，在诺贝尔奖演讲中他着重强调，他在做与干细胞相关的研究，引起了大家对拯救生命的技术的广泛关注。但是，他的本意不是真正努力去解救生命，而是去了解自然。他也在做着与您刚才谈论的有点相似的事情。

李：这就是为什么诺贝尔奖和诺贝尔基金保持的记录，是人类和自然关系的记录，成就和未来期望的记录。

史：最后一个问题，您在准备接受采访时提到，您并不经常使用计算机，那可能使人有一点点吃惊：理论物理学家不使用计算机。那么，您如何工作？在办公室中，您做什么呢？

李：实际上，我的研究小组就建造了超级计算机。做量子色动力学的计算，需要超级计算机。我领导同时也努力在布鲁克黑文成立RBRC研究所，作为第三位投资者共同建造超级计算机。RBRC、布鲁克黑文国家实验室和哥伦比亚小组共同努力进行这一工作，他们成为我的左右手。我帮助他们组织，但是我并不用那个计算机，因为我自己的思考是不同的，目标也不同。计算机非常重要，可以用它证明理论思想是基本正确的，人们需要这些计算。对理论概念追根究底，不是依靠复杂的电脑程序，而是用基本的规律，这是人类直接面对自然，两者是不同的。

史：谢谢您！我认为这个结尾非常好。

李：谢谢，我想也许我说得太久了。

史：一点也不。跟您谈话非常高兴。您的讲话非常振奋人心，也十分感谢您参加关于宇称的诺贝尔奖颁发 50 周年纪念，并且接受我们的采访。

（本文由中国科学院高能物理研究所张敏、迟少鹏根据录像翻译成文，叶铭汉校对，脚注都是由译者做的，由本书编者选配插图）

李政道　物理学家。1926 年 11 月 25 日生于上海，江苏苏州人。1943 年考入迁至贵州的浙江大学物理系，师从束星北、王淦昌等教授。1944 年转入昆明国立西南联合大学。1946 年经吴大猷教授推荐赴美进入芝加哥大学，师从费米教授。作为哥伦比亚大学全校级教授，研究领域很宽，在量子场论、基本粒子理论、核物理、统计力学、流体力学、天体物理方面的工作都有建树。因在宇称不守恒、李模型、相对论性重离子碰撞（RHIC）物理、非拓扑孤立子场论等领域的贡献闻名。1957 年与杨振宁一起因发现弱作用中宇称不守恒而获得诺贝尔物理学奖。1979 年到 1989 年亲自主持 CUSPEA 项目；以后又倡导成立中国博士后流动站和中国博士后科学基金会，并担任全国博士后管理委员会顾问和中国博士后科学基金会名誉理事长；创立了中国高等科学技术中心（CCAST）并担任主任；成立了浙江大学的浙江近代物理中心和复旦大学的李政道实验物理中心。2006 年至今任北京大学高能物理研究中心主任。1994 年当选中国科学院外籍院士。

常言道："书山有路勤为径。"为
学之道没有捷径可走，我就是这样循
序渐进，下苦工夫攻读的。

称原子重量的中国人

卢鹤绂

在 20 岁出头时，作为一位 20 世纪 30 年代的东方人，居然会被美国明尼苏达大学聘为物理系的助教，这对我来说，的确是没有想到的事。在这之前，也就是 1936 年，我在北平燕京大学理学院物理系毕业，获理学学士学位。由于英籍教授班·威廉的推荐，我得以漂洋过海，去美国继续深造，专攻近代物理学和原子物理学。

当时，我看到中国人在国内受侵略者的蹂躏，在海外亦受人欺凌，被洋人瞧不起，虽然自己初出茅庐，但是血气方刚，发誓要为中华民族争一口气。

20 世纪 30 年代，原子物理学正是美国科学界研究的热门。这门学科也像磁铁般地吸引着我。我决定先攻读硕士学位，然后再攻读博士学位。那么，我的研究方向究竟如何呢？是以实验为主，还是以理论为主？我想，美国科研设备和条件堪称世界第一流水平，头几位获诺贝尔奖的美国人几乎都是以实验为主的学者。就实验而言，美国确实比欧洲还重视。我身在美国，何不利用这一科学实验的优势呢？主意已定，决定去寻找导师。我拜见了当时极有声望的指导教师泰勒教授（我正在选修他所教的研究生课——理论物理学），他也擅长于质谱仪及其应用的研究。

泰勒先生开门见山地问我："想从事哪方面的研究？"我不加思索地回答："当然是对质谱仪的研究。"他便递给我一本书——《同位素》（第一版），是著名诺贝尔奖获得者阿斯顿的著作。泰勒先生让我把它读完，有不清楚的地方随时可以问他。读完了书再选择研究题目。光研读这部书，就花了几个月。为了消化所学到的知识，我还同时接触了大量有关的期刊和文献。常言道："书山有路勤为径"。为学之道没有捷径可走，我就是这样循序渐进，下苦工夫攻读的。如果说，后来我取得了什么成就的话，那得先感谢泰勒教授，是他把我引进了原子核这块正在开垦的"处女地"。

在专心致志攻读的同时，我终于发现，锂7、锂6的丰度比是个令人极其感兴趣的问题。由不少名家对之进行研究，丰度比的测定结果却大相径庭，其范围很大，从8到14不等，究竟哪个数值对？我决定向名家们提出"挑战"。

当时有两种方法可测定锂元素天然存在的同位素之丰度比：一是质谱法，二是光谱法。两者相比较而言，自然是用质谱仪的方法直接而又准确。况且，对质谱仪的研究又是明尼苏达大学"高人一筹"的技术。于是，我向泰勒教授说出了自己的打算，他听了以后十分赞赏。那时的质谱仪还在草创时期，我所需要的仪器无处买。泰勒教授便郑重地把贮存室的钥匙交给我："你自己去动手吧！"这个贮存室里的器具琳琅满目，有不少真空管、电器元件和铜线、铜管等原材料，以及前几届研究生留下的实验成果。

那是1937年，我一身而三任焉。首先要设计仪器，做硕士论文；其次是每周听三门课，两门物理学，一门数学；还有每周四个下午的学生实验课由我这个助教负责。每月60美元的收入对我来说是足够花的了。上实验课时，我把目的、内容和要求交代清楚，学生们就开始实验，最后所得实验数据由我过目签字，实验报告也由我批阅打分。这一来，我的时间安排就相当紧凑了。

卢鹤绂院士在实验室

实验设计开始时，有个日本人来帮我的忙。后来，他得了博士学位就走了。我这个人善于与别人和睦相处，因此，其他助教也乐意帮助我。制造质谱仪需要真空管，我就自己吹制玻璃管。这可不是那么容易掌握的技术，经过多次的失败，终于获得了成功，我吹制出合格的真空管。我还得学会在车床上加工金属部件，当然，特别精密的工艺还得由技师来干。我在贮存室里找到一个绕有线圈的磁铁，感到十分合用，又找到了一部分电子仪器元件，这都是前几届研究生搞的。就这样，我像"蚂蚁啃骨头"一样，整整花了一年的时间，终于以绝大多数"自产"元器件制造成功一台180度聚焦型质谱仪。

一切就绪，实验就开始了。我的实验室是第77号房间，是半地下式的，窗口临街。操作这台质谱仪并不容易，光稳定仪器性能就得花上几天时间。然而比这更难的是究竟选择什么合理的矿物来测定。在我之前的科学家用的锂离子热源矿物质是锂辉石，这是一种透明的、呈淡绿色或粉红色的含锂矿石，把它研成粉末，在灯丝上加热，锂离子就释放出来。大家公认锂辉石是最理想的锂离子热源，我却并不相信，我是个不唯书的人。我就去请教地质系的助教 W 先生，问他含锂的矿有多少？他说："这可多啦！"他热心地为我报出一大堆矿物名称，我都想试试。在众多的含锂矿物中，我终于筛选出一种效果极好的磷矾石，这是一种白色或绿色的矿石。经过加热，我发现它释放锂离子的效果比锂辉石要好几百倍。用磷矾石粉末做锂离子热源，温度不用升得很高，热源被烧坏的可能性就小得多，寿命也就延长了。对此，我如获至宝。

我又发现，前人为什么会测出不同的丰度比呢？主要是锂 7、锂 6 在不同的时间里释放锂离子的数量是不一样的。锂 7 比锂 6 重，往往一开始不易出来。在这种情况下，测出来的比值当然不能算是天然的丰度比。于是，我想出了一个连续测量的方法，也就是用"时间积分法"。

试验正式开始了，我把矿石磨成细末放在锂离子热源处。因为受到电磁力的影响，重量不同的锂离子留下了不同的轨迹，在电磁力的作用下，形成偏转路线的差异，就好比是轻重不同的两人一起跑，受同样外力时，轻者容易被偏转，重者则较难。

我整天整夜地守候在实验设备旁，甚至连吃饭都不离开。累了，就趴在桌上打个盹，并要随时注意加速离子电压的稳定，因为当实验室外面行驶的电车迸发出巨大的电火花时，就会影响测试的准确性。

皇天不负苦心人。我终于用亲手制造的质谱仪测得了锂同位素的丰度比，确定为 12.25（即锂 7 占 92.48%，锂 6 占 7.52%），从而否定了前人的一系列工作。我把这一结果告诉泰勒教授，他惊喜地告诉我，这一实验的结果是准确的。

我的硕士论文《热盐离子的质谱仪研究》和实验的成功，被国际上

卢鹤绂院士

公认为是一种创举。这篇论文发表在美国权威的《物理评论》学报上。

我在这项研究中不仅发现了磷矾石的效应，而且还发明了"时间积分法"，在世界上首次准确地测定了锂7、锂6的丰度比。作为明尼苏达大学物理系主任的爱尔·瑞克逊自然是很高兴的。一天，他来到第77号实验室，夸奖我说："中国人在称原子的重量！"当时在场采访的《明尼阿波利斯日报》记者摄下了这一镜头，以这句赞美的话为题的文章在第二天见报了。

我的这项研究成果在国际物理学界的影响是很大的。"12.25"这个数据被国际同位素表沿用了50多年，被认为是最准确的数值，直至1990年，美国出版的同位素表上还出现了我测定的数值。因此，从某种意义上讲，直至今日，还是认为我测得的数值最为准确。

1942年，阿斯顿在《质谱和同位素》这部书的第124页上专门有段文字介绍我测得的数据是准确的，把我的研究成果既看作是一种发现，又是一种发明。

诺贝尔奖获得者雪格瑞主编的《实验核物理学》1953年第一卷第644页上也认为我发现了热盐离子发射的同位素效应。是我首先应用热盐离子发射方法，以锂离子源整个生命中放出来的数量为准，而不是以在某一时刻中放出的数量为准。

1958年，英国剑桥大学的沃尔士撰写的《质谱学》第89页上介绍我的"时间积分法"。他详细说，这项研究成果来之不易，虽然准确，但实在是太吃力了。同年，德国的《原子核表》引用了我的数值。

1959 年瓦尔庄主编的《质谱学的进展》一书第 620 页上引用了我的成就，并认为是最好的热锂源。

1960 年加拿大学者贝能在《质谱学及其有机化学上的应用》第 62 页上整页地介绍我的发现。我的研究成果竟能引起化学界人士的重视，这是我所始料未及的。

那项课题完成后，我终于获得了硕士学位。日后又以《新型高强度质谱仪及其在分离硼同位素上的应用》获得哲学博士学位。

卢鹤绂 核物理学家。1914 年 6 月 7 日生于辽宁沈阳（原籍山东掖县），1997 年 2 月 13 日逝于上海。1936 年毕业于燕京大学物理系，同年赴美国明尼苏达大学研究院留学，1938 年获硕士学位，1941 年获明尼苏达大学哲学博士学位。曾历任中山大学、广西大学、浙江大学、北京大学教授，兼任中国科学院上海原子核研究所副所长兼第一研究室主任。长期任复旦大学教授，分子物理教研室、理论物理研究室、原子核物理研究室主任，校务委员会副主任，并兼任中国物理学会理事、物理学名词委员会副主任、上海物理学会理事长等职。主要从事理论物理和核物理方面的教学和研究。发现了热离子发射的同位素效应；发明了在质谱仪中测定轻同位素丰度比的时间积分法；精确测定了锂 6 和锂 7 的丰度比；在国际上首次公开估算铀 235 原子弹和费米型链式裂变反应堆的临界大小的简易方法及其全部原理；提出了最早期的原子核壳模型并首次提出了核半径新的计算公式；建立了流体的容变粘滞弹性理论并对经典流体力学基本方程作了多项推广；计算了片状柱型等离子体的稳定性，等等。1953 年加入九三学社，是九三学社第六、七、八届中央委员会委员。1980 年当选中国科学院学部委员（院士）。

　　纯熟的实验技术、技能，高质量的外文水平和一定的理论知识都是大学生必须具备的基本知识，即所谓"基本功"。

练 好 基 本 功

钱临照

没有实验就没有科学

　　有人认为，做实验只是验证定律，学不到东西；或者认为，实验只是学点技术。其实，这两种想法都是错误的。没有实验，就没有科学；有了实验，理论才能跟上去。做实验要由简单到复杂，由易到难，由低到高。大学里的实验对同学们是一种很好的锻炼。

　　苏联有位低温物理学家卡皮查，他曾经说过："一位理论物理工作者一年可以写两篇论文，而五位实验物理工作者两年之内才完成一项工作。"这就是说，实验物理工作者与理论物理工作者之比为 20∶1。中国的《物理学报》以前是理论文章占 90%，实验文章占 10%，今年后者达到 30%。这是逐渐在转变，是个好现象，但实验物理的工作还是不够多。任何一个重要的理论得不到实验证明只能停留在假设的阶段。由此可见，实验在物理学中占有何等重要的地位。

　　你们是物理学的接班人，应当有雄心壮志。近年来，我碰到一些欧洲的较年轻（三四十岁）的物理学家，他们都通于理论也精于实验，希望你们也能如此，成为理论与实验兼长的人。

看书与做习题

谈到读书，首先要读好，甚至读烂它。这就是说要把握书的中心、重点。以学习《分析力学》为例吧，拉格朗日方程的推证和结果，这两点是进入分析力学之门的重要之点，必须抓住，并知其来龙去脉。虚功原理、达朗贝尔原理、拉格朗日方程，这就是纲，抓住了它们也就一目了然了。抓到一本书，切记不要囫囵吞枣，生吞活剥，或一遍一遍简单地重复，而要悟其要领，通其道理，读一遍就有进一层的新体会、新收获。这样认真读烂（即精读）一本书后，再去读下一本书，便会兴趣横生，而不致于觉得枯燥无味了。

钱临照院士与学生聊怎样读书与做学问

在临考复习时，也应该如此，抓住重点，取其精华，不要走马观花。有的同学说，不看一遍书不放心，这是习惯问题。其实，走马观花是无济于事的。复习完后，起码要有得"3分"的把握（当年满分为5分），"大路货"（即最基本的部分）要掌握。

读书只有与做习题相结合才能收获多，见效快。有些学科如理论力学，把它学好的关键之一是做好习题。理论力学内容多，时间少，布置了大量习题，这就产生了读书与做习题的矛盾，要善于处理好这个矛盾。有人认为，做题要花去大量的时间，会妨碍知识的掌握。这是不正确的。因为，做习题是学习过程的一部分，是学习手段的一种，它与听讲是一样重要的。往往在做题之前，概念不十分清楚，甚至很模糊，但在解题过程中就会逐步清晰起来，明确起来。也只有认真地解题，才能较快较好地了解书上所讲的概念，同时也训练了解题的技巧和思维方法，以后是受用不尽的。在解题时，往往会出现这样一种情况——只能硬着头皮凑答数，虽然这不是一种好办法，但能凑出来比凑不出来好。正如饭要一口一口地吃，路要一步一步地走一样。做习题从凑数据开始也是好的。在第一次凑出答数后，千万不要急忙放下。先凑数据固然不好，但是能进一步从凑答数的过程弄明白其中的道理，从而掌握概念和技巧，以后不再去凑数解题，而是独立地正确地迅速地解题，这就好了。这样，最终也能炼成钢。

必须掌握外语

在大学阶段，学好外语很重要，必须掌握好，否则今后到工作岗位会碰到很多困难，有时甚至会急出眼泪来。同学们应当把外文同数学、物理学、理论力学等学科一样重视。依我看，中国科学技术大学学生的外文水平应该较高。就是说，一拿到文献就能读，还要能写，至于做到能讲也能听，那就更美了。所谓"能读"，就是说读下去就能懂，像看《人民日报》一样的自然。所谓"能写"，就是要没有文法上的错误。如果能锻炼到用外文思考问题，那么你的外文学习就到家了。要达到这一步，需要较长时间的锻炼，要踏踏实实地一步一步地学。初学时看得慢，慢不要紧，不要急于求成，正像小孩子学走路一样，开始不会走，以后让人扶着走，最后自己走，越走越快，越走越稳。学外文就要循序渐进，持之以恒。铁杵磨绣针，功到自然成。

你们必须先学好"一外"，以后再去学"二外"，绝不要三心二意，几种外文同时学。"一外"学好了，学"二外"就容易了。目前，学"一外"最好选择英文或俄文。只有当"一外""二外"学得确实很好了以后，再学"三外""四外"就不那

钱临照院士

么困难了。大学出来如能学会英、俄、德、法、日文就好了。一个人外文学好了，到图书馆去眼睛才会发亮。如果只懂中文，则外文文献无法阅读，也就是说无法开展研究工作。希望同学们大学毕业时，起码精通英文、俄文。

创造不能凭空而来

前面已经谈到，纯熟的实验技术、技能，高质量的外文水平和一定的理论知识都是大学生必须具备的基本知识，即所谓"基本功"。你们在大学学习的主要任务是打好基础，练好基本功。"九层之台起于累土，千里之行始于足下"（老子《道德经》第六十四章），只有一点一滴地积累，一步一步地做，有了雄厚的基础之后，才能有创造、发明，这是大学毕业以后的事了。不是放下牛顿力学不学，而要在牛顿力学定律的基础上更深入一步。新的创造不是凭空而来的，而是在前人的基础上发展起来的。牛顿之所以才能高，正是因为他站在前人的基础上，正是他收集了大量实验材料，总结了前人的知识和经

验的结果。当时有人问牛顿为什么有如此巨大的创造时，牛顿回答得好："因为我站在巨人的肩膀上。"这里的"巨人"即前人积累的雄厚基础。但有的人想入非非，不在掌握前人知识的基础上进行科学研究，妄想平地搞出一个尖端来，这终归要失败的。

（本文是 20 世纪 60 年代初，时任中国科学技术大学技术物理系副主任的钱临照院士与该系学生座谈时的讲话记录）

钱临照 物理学家、教育家。1906 年 8 月 28 日出生于江苏无锡，1999 年 7 月 26 日逝世于安徽合肥。1929 年毕业于上海大同大学物理系。1930 年起先后任东北大学物理系助教、北平研究院物理研究所助理研究员。1934 年至 1937 年赴英国伦敦大学大学学院 Carey Foster 实验室做研究工作。1937 年至 1949 年先后任中央研究院物理研究所研究员、中央大学物理系教授、美国联合国救济总署工作、中央研究院代理总干事等。1949 年任中国科学院物理研究所研究员。1960 年起任中国科学技术大学教授，后兼任副校长（1980—1984）。曾被选为中国电子显微镜学会和中国科学技术史学会的首任理事长、国务院学位委员会首届学科评议组物理组组长等。是我国金属晶体范性形变和晶体缺陷研究以及物理学史研究的奠基人之一，中国科学史事业的开拓者。抗日战争时期从事光学仪器研制，对我国仪器工业的发展作出了贡献。长期从事压电效应和金属晶体形变机理研究，在国内首先用电子显微镜研究单晶体形变，推动了全国晶体缺陷和电子显微学研究。1955 年被选聘为中国科学院数理化学部委员（院士）。

> 一个人的精力是有限的，不能要求他把样样都搞得精透，你们在学习上应该有所为有所不为。有一些东西，只要基本上了解就行了，可是对于若干门重要课程，就必须认真下工夫，搞精、搞透、搞深。

应该有所为有所不为

钱三强

不要做"书呆子"与"活字典"

对大学的生活，我是过来人了。根据我的体验，青年人处于学习的好时期，大学阶段对你们今后的工作很重要。你们在大学阶段应该怎样学习，要不要读很多书？我的看法是，读书是好的，但不要读很多书。我觉得，青年人不要做"书呆子"与"活字典"。

一个人的精力是有限的，不能要求他把样样都搞得精透，你们在学习上应该有所为有所不为。有一些东西，只要基本上了解就行了，可是对于若干门重要课程，就必须认真下工夫，搞精、搞透、搞深。不但要弄懂是怎么一回事，而且要了解这些学科发展的历史，主要问题解决的过程。例如，原子核物理的发展成长是曲折复杂的，不像教科书中说的那样简单，容易接受。但教科书中提出的那点东西，就像母亲的乳汁一样，是容易被婴儿接受的。实际上，认识自然的过程并不是这样简单的。随着分子运动论的发现和气体放电现象的研究，科学的进一步发展，使人类认识到物质的微观世界。由 X 射线与天然放射性的发现开始，经过原子结构理论的奠定和人工突变的发现，引到中子和人工放射性的发现，最后结晶到铀的裂变，使我们能应用原子能。这个过程是经过多少次曲折，人们又是绞尽了多少脑汁啊！有机会讲一些科学发展的故事是很有用的，否则毕业时你们就会以为科学太简单了。

钱三强与何泽慧院士夫妇在学习与探讨

前人研究和弄清事物的过程，常常也是我们认识事物的过程。只要弄清楚这样几个问题，你们就好像找到了一把开启科学之门的钥匙。掌握了这把钥匙，就能比较容易地揭开其他科学的奥秘。知识学得越多，越要防止脑筋给束缚住了。推动科学向前发展，需要年轻而有足够知识的人，需要敢想敢做、有一定科学修养的人。

假如我是教师，我并不要求你们门门功课都是 100 分。100 分的学生若不断努力，一般来说将来是会有成就的，但在科学上有所建树的人，他在学生时代不一定是门门功课都得 100 分的学生。

钱三强院士谈笑风生

我们要求什么样的科学工作者呢？我想，他们不应该是一本"活字典"，或者是学校里老师喜欢的"乖孩子"，而是头脑灵活、勇敢坚毅、主动性强、富有生命的人。他不但能学，更重要的是他能解决科学中提出来的问题。你给他一个问题，指出一个方向，给他一定的帮助，他就能自己往前走，接触实际，反复深入，找到关键所在，自己动手把它解决。不像有些人那样，肚里虽然装了很多书，思想却不活跃，工作上不主动，得靠别人推一把走一步。

学好基础课，重视实验

有同学问，要在专业上做怎样的准备？

钱三强院士

说到准备，我觉得你们现在主要把基础课学好。大学课程的分量是针对一般水平安排的，但是同学中水平差别总是存在的，有些人感到吃力，有些人感到有余力。对于那些确有余力的同学（注意，我说的是确有余力的同学）当然可以看一些课外的东西，特别是学点外语。要从事科学研究，一门外语是不够的。你掌握了一门外语，就好像在你的脑袋左边添了两只眼睛；再掌握一门，右边又添了两只眼睛。不懂外语的人，只能看一个方向，多掌握几门外语，就可以"眼观四方，耳听八面"了。所以我说，正课之外，确有余力的同学，可以搞一些外语和一些其他的东西。没有余力就集中力量搞好课内的东西。现在你们的课业很重，能把课内功课搞好也不太轻松。

有一点我要提醒你们的，就是要特别重视实验。不要怕麻烦，怕费事，觉得光一次实验就花去半天时间，不上算。其实，很多发明创造都是经过实验得出来的。将来你去工作了，交给你们一个任务时，并不是把一切条件都准备好的，多数情况下，要你们自己去创造条件，甚至白手起家，建造实验室，制作仪器和设备。科学工作者是离不开实验的。毕业后专门看书的机会不多了，所以你们在学习的时候就应该准备好做实验的本领，学会做科学上的"粗活"，真正科学上的发明创造都是在无数的"粗活"中碰出来的。

当然，还必须重视文娱体育活动。你们将来要为国家工作几十年，没有好的身体是不行的。青年人应该有各种爱好，譬如游泳、打球，不要光玩扑克。劳逸结合的原则，什么时候都得强调，散散步也是好事。

热爱专业，做一枚结实的螺丝钉

你们都已选了专业，有些同学问到将来学什么，做什么，工作怎样分配。我觉得对专业问题，应当有个正确的态度。谈到专业就关系到兴趣问题。兴趣是什么呢？难道你们在入大学以前就对现在所学的东西预先有了兴趣吗？真正的兴趣是在接触那件东西之后培养起来的。过去我们这一代人在选专业的时候是没有明确目的的，那时就凭"兴趣"，什么学科时髦，就学什么，给个人搞点名堂，至于跟国家建设，就毫无关系了。那时候的政府也根本不想搞什么科学，搞什么建设。弄一些人搞科学，不过是装点门面，做个点缀。现在不同了，你们选择专业，都是有明确目的的，对社会主义建设有用的，都是重要的。根据需要接触了实际，也就培养了个人的"兴趣"。我想，个人的兴趣要是能以国家利益为前提，就能够处理好这个关系。

有同学问到怎样为祖国科学事业作贡献。现在的重要科学技术，常常是许多科学技术的结晶，它是建立在许多科学技术方面成就的基础上的。要想对科学事业起作用，就要树立做科学事业这部机器上的一枚螺丝钉的思想。一枚螺丝钉，不出名、不显眼，可是它在特定的位置上起着不可缺少的作用，没有这枚螺丝钉，就会出问题，整部机器就要出毛病，这就足见螺丝钉是重要的。一个人应该把自己融化在集体之中，在集体的创造中发挥其力量，埋头苦干，做一枚出色的、胜任的、结实的螺丝钉。这样，他就能为祖国的科学事业作出实际的贡献。有些人希望别人做很多工作，而他去很容易地搭个尖，出出风头，这种想法是不正确的。要记住，同学们一参加科学实践就进入一个全新的阶段，科学实践不是简单的"学习的延续"，在科学实践中要有敢于闯的精神。著名学者卢瑟福说过一句话：你说我总在波浪上头转，我应该说，并不是我随着波转，而是我在推动波浪。

希望你们也大胆地去推动科学上的波浪！

（本文节选自时任中国科学院原子能研究所所长的钱三强院士在20世纪60年代初，与中国科学技术大学学生的一次座谈记录）

钱三强 核物理学家。1913年10月16日生于浙江湖州，1992年6月28日逝于北京。1932年毕业于北京大学预科。1936年毕业于清华大学。1937年赴巴黎大学镭学研究所居里实验室跟随伊莱纳·约里奥－居里夫人攻读博士学位。1939年完成了博士论文。1946年荣获法国科学院亨利·德巴微物理学奖。1948年起任清华大学物理系教授，以后相继担任中国科学院近代物理研究所（后改为原子能研究所）副所长，中国科学院副院长兼浙江大学校长，中国科协副主席、名誉主席，中国物理学会副理事长、理事长。作为中国原子能科学事业的创始人，长期全身心投入原子能事业的开创和组建工作。曾参加了苏联援助的原子反应堆的建设，并汇聚了一大批核科学家（包括他的夫人何泽慧及邓稼先等优秀人才），将他们推荐到研制核武器的队伍中。为中国第一颗原子弹及以后的氢弹爆炸成功作出重大贡献，被授予中国"两弹一星"元勋。1955年被选聘为中国科学院学部委员（院士）。

科学上的创新光靠严密的逻辑思维不行，创新的思想往往开始于形象思维，从大跨度的联想中得到启迪，然后再用严密的逻辑加以验证。

科技创新人才的培养

钱学森

今天找你们来，想和你们说说我近来思考的一个问题，即人才培养问题。我想说的不是一般人才的培养问题，而是科技创新人才的培养问题。我认为这是我们国家长远发展的一个大问题。

党和国家都很重视科技创新问题，投了不少钱搞"创新工程""创新计划"，等等，这是必要的，但我觉得更重要的是要培养具有创新思想的人才。问题在于，中国还没有一所大学能够按照培养科学技术发明创造人才的模式去办学，都是些人云亦云、一般化的、没有自己独特的创新东西。受封建思想的影响，一直是这个样子。我看，这是中国当前一个很大的问题。

最近我读《参考消息》，看到上面讲美国加州理工学院的情况，使我想起我在美国加州理工学院所受的教育。

我是在20世纪30年代去美国的，开始在麻省理工学院学习。麻省理工学院在当时也算是鼎鼎大名了，但我觉得没什么，一年就把硕士学位拿下了，成绩还拔尖。其实，这一年并没学到什么创新的东西，很一般化。后来我转到加州理工学院，一下子就感觉到它和麻省理工学院很不一样，创新学风弥漫整个校园。可以说，整个学校的一个精神就是创新。在那里，你必须想别人没有想到的东西，说别人没有说过的话。拔尖的人才很多，我得与他们竞赛，才能跑在前沿。这里的创新还不能是一般的，迈小步可不行，你很快就会被别人超过。你所想的、做的，要比别人高出一大截才行。那里的学术气氛非常浓厚，学术讨论会十分活跃，互相启发，互相促进。我们现在倒好，一些技术和学术讨论会还互相保密，互相封锁，这不是发展科学的学风。你真的有本事，就不怕别人赶上来。我记得在一次学术讨论会上，我的老师冯·卡门讲了一个非常好的学术思想，美国人叫"good idea"，这在科学工作中是很重要的。有没有创新，首先就取决于你有没有一个"good idea"。结果马上就有人说："卡门教授，你把这么好的思想都讲出来了，就不怕别人超过你？"卡门说："我不怕，等他赶上我这个想法，我又跑到前面老远去了。"所以，我到加州理工学院，一下子脑子就开了窍，以前从来没想到的事，这里全讲到了，讲的内容都是科学发展最前沿的东西，让我大开眼界。

　　我本来是航空系的研究生，我的老师鼓励我学习各种有用的知识。我到物理系去听课，讲的是物理学的前沿，原子、原子核理论、核技术，连原子弹都提到了。生物系有摩尔根这位大权威，讲遗传学，我们中国的遗传学家谈家桢就是摩尔根的学生。化学系的课我也去听，化学系主任莱纳斯·卡尔·鲍林讲结构化学，也是化学的前沿，他在结构化学上的工作还获得诺贝尔化学奖。以前我们科学院的院长卢嘉锡就在加州理工学院化学系进修过。莱纳斯·卡尔·鲍林对于我这位航空系的研究生去听他的课、参加化学系的学术讨论会，一点也不排斥。他比我大十几岁，我们后来成为好朋友。他晚年主张服用大剂量维生素的思想遭到生物医学界的普遍反对，但他仍坚

钱学森先生（右）当年在加州理工学院与同事们在探讨

持自己的观点，甚至与整个医学界辩论不止。他自己就每天服用大剂量维生素，活到93岁。加州理工学院就有许多这样的大师、这样的怪人，决不随大流，敢于想别人不敢想的，做别人不敢做的。大家都说好的东西，在他看来很一般，没什么。没有这种精神，怎么会有创新？

　　加州理工学院给这些学者、教授们，也给年轻的学生、研究生们提供了充分的学术权力和民主氛围。不同的学派、不同的学术观点都可以充分发表。学生们也可以充分发表自己的不同学术见解，可以向权威们挑战。过去，我曾讲过我在加州理工学院当研究生时与一些权威辩论的情况。其实，这在加州理工学院是很平常的事。那时，我们这些搞应用力学的，就是用数学计算来解决工程上的复杂问题。所以，人家又管我们叫应用数学家。可是，数学系的那些搞纯粹数学的人偏偏瞧不起我们这些搞工程数学的。两个学派常常在一起辩论。有一次，数学系的权威在学校布告栏里贴出了一张海报，说他在什么时间什么地点讲理论数学，欢迎大家去听讲。我的老师冯·卡门一看，也马上贴出一张海报，说在同一时间他在什么地方讲工程数学，也欢迎大家去听。结果两场讲座都大受欢迎。这就是加州理工

钱学森院士在讲课

学院的学术风气，民主而又活跃。我们这些年轻人在这里学习，真是大受教益，大开眼界。今天，我们有哪一所大学能做到这样？大家见面都是客客气气，学术讨论活跃不起来。这怎么能够培养创新人才？更不用说大师级人才了。

有趣的是，加州理工学院还鼓励那些理工科学生提高艺术素养。我们火箭小组的头头马林纳就是一边研究火箭，一边学习绘画，他后来还成为西方一位抽象派画家。我的老师冯·卡门听说我懂得绘画、音乐、摄影这些方面的学问，还被美国艺术和科学学会吸收为会员，他很高兴，说"你有这些才华很重要，这方面你比我强"。因为他小时候没有我那样的良好条件。我父亲钱均夫很懂得现代教育，他一方面让我学理工，走技术强国的路；另一方面又送我去学音乐、绘画这些艺术课。我从小不仅对科学感兴趣，也对艺术有兴趣，读过许多艺术理论方面的书，像普列汉诺夫的《艺术论》，我在上海交通大学念书时就读过了。这些艺术上的修养不仅加深了我对艺术作品中那些诗情画意和人生哲理的深刻理解，也学会了艺术上大跨度的宏观形象思维。我认为，这些东西对启迪一个人在科学上的创新是很重要的。科学上的创新光靠严密的逻辑思维不行，创新的思想往往开始于形象思维，从大跨度的联想中得到启迪，然后再用严密的逻辑加以验证。

像加州理工学院这样的学校，光是为中国就培养出许多著名科学家，钱伟长、谈家桢、郭永怀等，都是加州理工学院出来的。郭永怀是很了不起的，但他去世得早，很多人不了解他。在加州理工学院，他也是冯·卡门的学生，很优秀。我们在一个办公室工作，常常在一起讨论问题。我发现他聪明极了。你若跟他谈些一般性的问题，他不满意，总要追问一些深刻的概念。他毕业以后到康奈尔大学当教授，因为冯·卡门的另一位高才生西尔斯在康奈尔大学组建航空研究院，他了解郭永怀，邀请他去那里工作。郭永怀回国后，开始在力学所担任副所长，我们一起开创中国的力学事业。后来，搞核武器的钱三强找我，说搞原子弹、氢弹需要一位搞力学的人参加，解决复杂

钱学森院士的风采

钱学森院士

的力学计算问题，开始他想请我去。我说现在中央已委托我搞导弹，事情很多，我没精力参加核武器的事了。但我可以推荐一个人——郭永怀。郭永怀后来担任九院副院长，专门负责爆炸力学等方面的计算问题。在我国原子弹、氢弹问题上他是立了大功的，可惜在一次出差途中因飞机失事牺牲了。那个时候，就是这样一批有创新精神的人把中国的原子弹、氢弹、导弹、卫星搞起来的。

今天我们办学，一定要有加州理工学院的那种科技创新精神，培养会动脑筋、具有非凡创造能力的人才。我回国这么多年，感到中国还没有一所这样的学校，都是些一般的。别人说过的才说，别人没说过的就不敢说，这样是培养不出顶尖帅才的。我们国家应该解决这个问题。你是不是真正的创新，就看是不是敢于研究别人没有研究过的科学前沿问题，而不是别人已经说过的东西我们知道，没有说过的东西我们就不知道。所谓优秀学生就是要有创新。没有创新，死记硬背，考试成绩再好也不是优秀学生。

我在加州理工学院接受的就是这样的教育，这是我感受最深的。回国以后，我觉得国家对我很重视，但是社会主义建设需要更多的钱学森，国家才会有大的发展。

我说了这么多，就是想告诉大家，我们要向加州理工学院学习，学习它的科学创新精神。我们中国学生到加州理工学院学习的，回国以后都发挥了很好的作用。所有在那儿学习过的人都受到它创新精神的熏陶,知道不创新不行。我们不能人云亦云,这不是科学精神,科学精神最重要的就是创新。

我今年已 90 多岁了,想到中国长远发展的事情,忧虑的就是这一点。

(本文是钱学森院士 2005 年 3 月 29 日下午在 301 医院谈话的记录)

钱学森 空气动力学家、科学家、教育家。1911 年 12 月 11 日生于上海(祖籍浙江临安),2009 年 10 月 31 日逝于北京。1934 年毕业于交通大学机械与动力工程学院。1936 年获美国麻省理工学院航空工程硕士学位,后转入加州理工学院航空系学习。1939 年获美国加州理工学院航空、数学博士学位,1945 年任该校副教授,1947 年任教授。1938 年至 1955 年在美国从事空气动力学、固体力学和火箭、导弹等领域研究,并与导师共同完成高速空气动力学问题研究课题并建立了"卡门 - 钱学森"公式。在 28 岁时已成为世界知名的空气动力学家。1955 年回国后,先后担任了中国科学技术大学近代力学系主任、中国科学院力学研究所所长、第七机械工业部副部长、国防科工委副主任、中国科技协会名誉主席、中国人民政治协商会议第六至八届全国委员会副主席、中国宇航学会名誉理事长、中国人民解放军总装备部科技委高级顾问等重要职务,还兼任中国自动化学会第一、二届理事长。作为中国载人航天奠基人,"两弹一星"功勋奖章获得者,还被誉为"中国航天之父""中国导弹之父"和"中国自动化控制之父"。1957 年被增聘为中国科学院学部委员(院士),1994 年被选聘为中国工程院院士。

古今中外大科学家和大学问家获得成功，绝大多数是依靠孜孜不倦的自学。自学使你获得前所未有的知识，自学使你变得聪明起来，自学使你具有了翱翔蓝天的翅膀，而这个道理我是从高中时代就已经深深体会到了。

翱翔科学天空的翅膀

沈文庆

每当有人问起我，你靠什么能准确把握核物理学研究的方向？靠什么能洞察核物理学各个研究的领域？靠什么能在核物理学研究方面获得创新性成果？我会坦诚地回答他们：如果说我能大致掌握核物理学研究发展方向和在这个领域取得一些成绩的话，主要得益于不断地刻苦自学，使自己在探索核科学奥秘的道路上一步一步前进。自学，如同雄鹰强健的翅膀，靠它在广阔的天中翱翔。

这使我想起了伟大的革命导师恩格斯，他为了确立辩证唯物主义历史观和自然观，需要自然科学知识，这使他长期处于"脱毛"之中。他没有上过大学，缺乏必备的自然科学知识，但是他始终刻苦自学，广泛阅读了物理学、化学、生物学、天文学、地学、数学以及其他一些自然科学知识。他就是依靠了自己坚韧不拔的"脱毛"精神，不仅为建立唯物辩证法打下了牢固的科学基础，而且在一些科学领域也作出了重要的贡献。例如，他在研究无机化学、有机化学和生理化学后，提出了"生命是蛋白体的存在方式"这一著名科学论断，并预言："只要把蛋白质的化学成分弄清楚，化学就能着手制造活的蛋白质。"20世纪后的有机化学的发展，特别是生物化学的发展，人工合成了牛胰岛素，完全证实了恩格斯的科学预言。恩格斯确实是自学成大器者的典范。可以说，古今中外大科学家和大学问家获得成功，绝大多数是依靠孜孜不倦的自学。自学使你获得前所未有的知识，自学使你变得聪明起来，自学使你具有了翱翔蓝天的翅膀，而这个道理我是从高中时代就已经深深体会到了。

我少年时代的学习并不好，孩子的稚气总是对学习缺乏好感，但靠一点小聪明学习得还算可以。后来我进入了上海复旦大学工农预科班念高中，那时念复旦预科班算是很幸运的了，包括像上海交通大学预科班、华东师范大学预科班等，都为一般学生和他们的家长所向往。在复旦预科班教我们课的是复旦大学的老师，他们在教学上十分强调通过自学来培养学生接受知识的能力，这种培养方法使我受益匪浅，我一改少年时代对学习缺乏自觉性的习气，养成了自学的习惯，对学习的兴趣也与日俱增。几乎在每个暑假会把下学期的高中课程先自修一遍，等到开学上课就感到很轻松，可以腾出一些时间学习我感兴趣的知识。那时，上海教育部门和科技协会经常在全市中学生中组织物理学、数学、化学等方面的竞赛，我常常报名被推荐参加竞赛，还得过数学优胜奖，从著名的数学家谷超豪先生手中接过奖状，那时他很年轻，我真是十分敬慕他。

1962年我高中毕业，考取了清华大学，就读工程物理学专业。大学学制虽说是5年，但念了3年以后，1965年下半年就去农村"社教"了一年，不久"文化大革命"就开始了，1968年起又去部队农场锻炼了两年。可以说,大学期间,我只学完了基础课,专业课几乎没有学到什么知识。正因为我在高中预科养成了自学的习惯,在那动荡的年代里,我靠自学得以系统补习了专业知识,为今后走上研究岗位打下了基础。1970年我到中国科学院近代物理研究所从事实验核物理方面的研究。1991年调入中国科学院上海原子核研究所。几十年来,一直保持着自学的习惯,捕捉物理学发展的新动态,掌握物理学领域新的学科交叉点,学习与核科学相关的其他专业知识,关心生物学、化学等学科领域的现状等,我深深地感到,了解和掌握这些知识对于自己的研究工作是十分有帮助的。

要使自学达到一定境界,也是不容易的。通过几十年的自学实践,我悟出一些体会。

首先,自学要克服外界的压力。1970年初到近代物理所时,尽管"文化大革命"还在如火如荼地开展着,我还是坚持抓紧时间做研究和自学,星期日和春节几乎都花在学习和工作上。那时受"读书无用论"的影响,学习气氛已荡然无存了,一些成绩很好的学生,成了"政治"的活跃分子,还有些学生沉湎于制作半导体收音机和编织毛衣,优秀学生在"左"的思想影响下荒芜了学业。而我坚持学习,这种行为当然被看作走"白专"道路。可我顶住了压力,不怕戴"白专"帽子,依然我行我素。那时在近代物理所,我的英文已经可以了,比老的科技人员都不差,外国人来所参观考察,我算是会讲英文的少数人之一。自学使我深深尝尽读书带来的乐趣,我真不敢想象,在那个动乱年代,如果我放弃了自学,不知将如何生活。

其次,自学要克服自我小天地。也就是说,自学绝不是关起门来孤立地学,要主动取得导师、同学和同事们的帮助,与他们交谈,从中汲取知识营养。还要向周围的人请教,人各有所长,有的基础理论扎实,有的实践经验丰富,平时多与他们交谈,会使自己的思路开阔；即使是与不同科学领域的人进行知识交流，请教一些问题，也能使自己耳目一新，获得许多新的见识；有时了解他们如何解决各自领域内的疑难问题，对于自己深入开展科研也是很有启示的。近代物理研究所的杨澄中先生是我经常请教的一位学长。杨先生是位学问功底很深的核物理学家，1949 年获英国利物浦大学哲学博士学位，1951 年回国，为开拓和发展我国原子核物理科学事业作出了重要贡献，是我国重离子物理研究和重离子加速器建设的奠基人，1980 年当选中国科学院学部委员（院士）。我经常利用他上班间休和下班晚走的时间向他请教，包括科研工作、科研方法和其他学术上的问题，每次交谈，都能获得新的东西。特别是我刚踏上科研岗位，对于怎样搞好研究工作，是迫切需要指点的。他教了我很多这方面的东西，告诉我首先应该看些什么书，应关心什么问题，如何把基础知识与科学研究结合起来……使我获益匪浅。杨先生虽然早已离我们而去，但他给予我的帮助终生难忘。

还有，自学要不断求新。如果说科学的生命在于创造，在于不断探索和发现新的领域，那么，与科学相伴随的知识，也是在不断更新着的。因此，自学就要求新。我在核物理研究工作中深深体会到，科研工作的创新在于抓住问题，即发现问题、分析问题和解决问题。一旦旧的问题解决了，新的问题又产生了，由此再进行一个循环，使事物的奥秘不断被揭开，由浅入深，由表及里。自学就要把握科技创新的这个规律，同研究工作结合起来，清楚地了解什么是没有解决的问题，我得从哪方面去补充不了解的东西，同时在学习过程中要了解别人的工作是对还是不对，作出判断后，确定自己下一步的工作目标，再进一步深入学习解决新问题所需要的知识。我在科研上的一个特点就是喜欢到未知领域去探索，而与之伴随的就是喜欢在知识海洋中觅寻有益于探索未知领域的相关新知识、新见解。

沈文庆院士在上海世博会演讲（2010，方鸿辉 摄）

最后，自学要不怕困难。自学往往会遇到很大的困难，甚至要付出巨大的精力和心血，如果缺乏恒心和毅力，就得不到理想的效果。1979年2月，我作为"文化大革命"后较早的一批科技人员到德国重离子研究中心进修两年。初到德国，感到在业务上有差距，工作遇到了困难，特别是计算机的应用。20世纪80年代初，德国的计算机发展已很快了，有了大型计算机控制带终端，而我们国内没有多少科研单位在使用计算机，即使有，也是比较初级的。因此，我接触计算机的机会并不多，显然缺乏计算机方面的知识，但在德国实验室工作，计算机应用技术是必不可少的。我就着手"啃"计算机资料，足足有6大本，每本近300页，要读懂它，而且要与操作结合，确实遇到了很大困难。我一面自学一面请教别人，经常晚上搞到两三点钟，每天最多只能睡五六小时。我花了整整 3 个月的时间，终于过了计算机应用这一关，受到了德国国家重粒子物理所副所长博克教授的很高评价，还为我申请到了大众汽车基金 20 万马克的资助，帮助我回国工作。除了自学计算机应用技术外，德国重离子研究中心还有许多仪器设备必须学会使用，我也是靠刻苦学习，一样一样地去弄懂搞通。初到德国那时，我付出的代价是巨大的，如果没有恒心和毅力，就可能在困难面前趴下了。

我有时在问自己，为什么会坚持刻苦自学，是不是功利主义在驱动？我坦诚反省，如果自学的动力来自于对功利的追求，那么恐怕早就被"走白专道路"的帽子所压垮，被学习中遇到的种种困难所吓倒。我感到对于学习如果没有正确的世界观和人生观，任何动力都是不能持久的。我刻苦自学的动力来自于对科学的热爱，来自于对核物理学、原子能事业的执著追求和奉献的信念。我念高中时，当初喜欢的是数学，我不是在数学竞争中也得了优胜奖吗？那时我认定自己将来是搞数学的，也准备报考大学数学系。但是，当我知道我们国家急需发展原子能事业时，我就毫不犹豫地转向了核物理专业，而且为了掌握这门专业，排除困难，一直坚持刻苦学习。可以说，自打我认准了核物理专业时，我就作好了为发展核科学事业奉献毕生精力的准备，而无任何功利思想可言。同其他学科不同，从事核物理科学似乎要承担更大的风险和社会责任。被称为"原子弹之父"的美国科学家奥本海默长期从事原子及原子核等方面的理论研究，他从天然铀中分离铀 -235 和确定生产原子弹所需铀的临界质量数。1942 年 8 月，美国实施"曼哈顿计划"——研制原子弹，奥本海默被任命建立一个实验室并担任主任。他集聚起许多杰出的科学家，于 1945 年夏制成了第一批原子弹。美国在日本广岛投下原子弹，他目睹原子弹

沈文庆院士

给日本人民带来的巨大灾难，心灵遭到很大创伤。1946 年 3 月 16 日，他作为讨论国际管制原子能问题美国科学家代表团成员，出席了联合国会议。在大会发言时，奥本海默内疚且痛苦地说："主席先生，我的这双手沾满了鲜血……"后来他担任原子能委员会的总顾问委员会主席。这个顾问委员会曾反对试制氢弹。由此，奥本海默受到军事情报机关的指控，说他曾与共产党人合作，庇护苏联间谍，反对制造氢弹，美国政府对他进行了审查，判定他不能接触军事机密，解除了他的原子能委员会总顾问委员会主席的职务。尽管 1963 年约翰逊总统把原子能委员会的"费密奖"授予奥本海默，以这种方式为他恢复名誉，但他遭受的政治迫害，使他长期心力交瘁。1967 年 2 月 18 日晚上，奥本海默与世长辞，年仅 62 岁。这一事例始终烙在我的脑海中，不时浮起。当然，在我们国家科学家是受到尊重和保护的，这是由社会主义制度所决定的，但科学是无国界的，科学（特别是核科学）仍有可能会被少数人利用，成为危害人类和平事业的工具，科学家要随时承担更大的风险和社会责任。

当今，核物理学似乎也不太"吃香"了，比不上生物学、信息学、材料学、微电子学等"时髦"学科，大学招生人数也少了，但我丝毫也不后悔。核物理研究领域还有许多谜需要解开，我现在从事的"发射性核束物理和核天体物理"研究，就需要很好深入，有做不完的工作。因此，我必须一如既往地坚持不懈地自学，勇于开拓新的研究领域，为核物理事业作出自己应有的贡献。

沈文庆 实验核物理学家。1945年8月出生于上海。1967年毕业于清华大学工程物理系。毕业后在中国科学院近代物理研究所从事实验核物理方面的研究，任研究员和博士生导师。1991年调入中国科学院上海原子核研究所。自1979年起曾多次到德、日、法、美、丹麦、荷兰等国从事核物理学研究工作。现任国家自然科学基金委员会副主任，兼任中国科学院上海原子核研究所研究员。曾任中国科学院近代物理所副所长，中国科学院上海原子核研究所党委书记、副所长，中国科学院上海分院院长，上海市科学技术协会主席，中国核物理学会理事长，国家973项目"放射性核束物理和核天体物理"的首席科学家。在低能和中能重离子核反应实验和放射性核束物理研究方面做出创新性的工作，负责兰州国家重离子加速器实验区建设与组织第一批实验方面作出重要贡献。曾与同事一起多次获得国家自然科学奖二等奖、中国科学院自然科学奖特等奖、一等奖等，曾获国家人事部、国家教委有突出贡献中青年专家和有突出贡献出国留学人员称号，五次被评为中国科学院优秀研究生导师。在国内外杂志发表论文100多篇，被SCI引用200多次。1999年当选中国科学院院士。

文字与语言的表达能力，包括外文的修养，对从事研究工作、总结研究成果及进行学术交流都起到直接的作用，绝不可低估。

关于治学的对话

苏步青　李大潜

在复旦大学宿舍区的一个安静的角落，有一幢两层的小楼，四周是如茵的草地，这便是90岁高龄的著名数学家苏步青教授自称为萝屋的家。作为苏老的学生，我们自然经常有机会在这里聆听他的教诲，总是受益匪浅。春节中的一天，我（李大潜）又踏上了通向他家的小径，但这次是受《群言》杂志的委托，带着采访任务来的。在向苏老拜年以后，就直截了当地进入了正题。（以下对话中，苏——苏步青，李——李大潜）

李：苏先生，您作为驰名中外的数学家，当初是怎样对数学发生兴趣，并决心献身数学的？

苏：一开始也是糊里糊涂的。中学时代只不过是爱好数学，基础比较好一些。后来东渡扶桑，由于经济原因，1920年考入有公费资助的东京高等工业学校，学的是电机科，但入学考试数学得了满分，对录取起了决定性的作用。1923年东京大地震，家当全被烧光，才破釜沉舟，并以第一名的成绩考入了日本东北帝国大学数学系，受到当时系主任林鹤一教授的赏识，坚定了学数学的决心。当时下决心献身数学还有一个重要的原因，即曾经也是东京高等工业学校学生的陈建功改学数学后，1923 年在日本的《东北数学杂志》上用外文发表了一篇论文，这在当时是破天荒的事，对我是一个很大的激励与鼓舞。我就这样开始与数学结缘，并且缘结终生了。

李：陈省身教授曾说过："在 30 年代能发表数学论文的中国人还寥若晨星，而苏教授却以自己的丰硕成果闻名于世。"当时微分几何的大师、德国的布拉施克教授曾称赞您为"东方第一几何学家"。您在进入数学研究领域不太长的时间内，即跻身前列，在国际数学界享有盛誉，成为我国现代数学的开创者之一。您觉得有哪些经验，值得我们年轻的数学工作者借鉴？

苏：当时我所从事的微分几何学，在高斯、黎曼、达布、克莱茵等前辈数学大师的开创性工作的影响下，正在蓬勃发展。德国汉堡的布拉施克学派在仿射微分几何学方面颇多建树，并和我的导师洼田忠彦教授有较密切的联系，他对我有很大的影响。意大利的一批学者对射影微分几何学的研究也居于前列，我通过与他们的通信联系，将他们的一套也学到了手。可以说，那时我对国际上方兴未艾的前沿课题现状的了解与掌握是下了一番苦工夫的。为了阅读这方面的文献，我在大学学习时还专门学习了德文和意大利文。

李：这是不是像牛顿所说的"站到了巨人的肩膀上"呢？

苏：可以这么说。但学习的目的是为了发展，为了创造。我固然也跟在他们后面做过一些锦上添花的工作，但那时年纪轻，精力旺盛，入了门就下决心啃硬骨头，力图解决一些带根本性的重大问题。像仿射微分几何与射影微分几何，以往大家一直分别进行研究，对究竟两者之间有什么关系这个重要问题，从来没有人研究过。我以"仿

苏步青院士在演讲

射空间曲面论"为题，一连在《日本数学辑报》上发表了 12 篇文章，彻底地解决了这个问题，这也是我的博士论文的主要内容。另外，布拉施克学派所用的一直是传统的微分形式的方法，几何意义很不明显，能否用一个纯粹几何的方法来建立整个的理论，在方法上另辟蹊径呢？我从日本回国后，从 1935 年开始连续花了好几年的时间，借助于平面曲线可表奇点的几何结构，建立了与前人完全不同的构造性的方法，清楚地将整个理论一下子展现出来，真正别开了生面。陈省身先生对此颇为欣赏，认为在平常的研究中总是把奇点撇开，而我恰恰抓住了奇点，用奇点处的不变量对其他几何不变量作出了解释。

李：要抓住当代数学发展的主流，要努力攻克带根本性的重要问题，要解放思想、勇于探索新的思想和方法，您的这些经验对培养第一流的数学工作者应该是具有普遍意义的。您在仿射微分几何和射影微分几何方面取得举世公认的成果以后，接着又开展了对一般空间微分几何学的研究。请谈谈您是怎样不断拓展自己的研究领域，并继续作出高水平的成果？

苏：一般空间微分几何学是在黎曼几何的研究取得巨大成功的基础上，由美国著名数学家道格拉斯在 20 世纪 40 年代中叶提出来的。由于黎曼几何在相对论中的重要应用，一般空间微分几何学作为黎曼几何学的扩充，一提出来就引起了人们的重视。我能够进入这一领域开展研究工作，也同样是下了大工夫的。为了掌握法国数学家嘉当提出的外形式法，我不仅花了很大力气"啃"了他关于黎曼几何及李群的两本法文原著，还把它们翻译出来，开设了有关课程。1947年我还硬着头皮花了一个暑假的时间念完了托马斯所著的700多页的关于一般空间微分几何的著作。这不仅使我掌握了在这方面开展深入研究工作的基础，而且也看清了进一步研究的方向，从而才有可能带领一些学生在K展空间、芬斯拉空间等方面做出系统的成果，将研究工作推进到一个新的阶段。

李：苏先生，您过去是搞基础理论研究的，在"文化大革命"中，才由在江南造船厂搞船体数学放样课题开始进入应用数学的领域，以70多岁的高龄开辟了计算几何这一新学科，并一直重视和支持应用数学与工业的结合。您认为结合"四个现代化"建设的需要开展应用数学的研究，对数学学科的发展究竟有什么作用？

苏：应用数学很重要。一方面"四个现代化"建设有实际的需要，同时计算机的迅速发展提供了强有力的计算工具，应用数学现在已蓬勃发展起来，将来还会更兴旺地发展下去。我自己的体会，要结合实际为数学理论开辟广阔的用武之地。

搞船体放样课题，要了解样条曲线上奇点发生的规律以便加以控制，我原来研究了多年的仿射微分几何中的不变量理论，在这儿发挥了重要的作用，成了解决问题的关键。另一方面，丰富多彩的现实世界中的实际需要也为数学理论的发展提供了一个重要的源泉，反过来对理论的研究又起了极大的推动作用。我对一般空间中样条曲线的仿射不变式所作的系统研究成果，就是受研究船体放样课题的推动而得到的。运用有关的数学理论，可以很方便地找到一切可能的拐点的位置，颇受一些国外学者称道。我自己虽只初步尝到了甜头，但也充分显示了理论与实际密切结合并互相促进是一个正确的方向，是大有可为的。

苏步青院士与他的学生——谷超豪、胡和生与李大潜院士（后中）

李： 您认为作为一名青年数学工作者，应该具有怎样的素养并作哪些方面的努力，才能真正脱颖而出，成长为新一代的学科带头人呢？

苏： 我觉得最主要的是要高瞻远瞩，具有宽广的胸怀。个人的成名成家是次要的，重要的是要根据时代发展的要求，努力使我国的科研教育事业一代代地不断发扬光大。

作为一名学科带头人，不仅要努力培养学生，而且要鼓励、帮助学生超过自己，真正做到承上启下，继往开来。否则，业务再好，但心胸狭窄，"老子天下第一"，一定成不了大事，甚至会"断子绝孙"。要做到这一点，还要正确地认识自己，把自己的成绩和贡献摆到一个恰当的地位。牛顿晚年尚且认为他只是在大海边上拾了几个贝壳，又何况于我们！

"曾经沧海难为水"，我搞了 65 年的数学教学科研工作，回过来想想，也不过就搞了这么一点点东西，有什么值得骄傲的呢？世界无穷尽，科学无止境，真正重要的发明和发现，还得寄希望于一批批成长起来的年轻同志。我自己一直希望学生能超过我自己，看到学生一批批地成长起来，将我手中的接力棒接过去，而且个个对我十分尊敬，内心总感到说不出的高兴。我90岁了，身体还相当好，这也是一个很重要的因素。

苏步青院士

李：现在不少学者和专家都兼任着繁重的行政工作，平时的社会活动也不少，您自己就更多了。在这种情况下如何坚持做学问？您能否说说自己的经验？

苏：我的经验很简单。如果有整匹布做衣服自然最好，否则就用零头布拼起来做。没有整段的时间，我就利用出差途中、开会间隙种种零碎的时间看书、研究，这就是我的"零头布"。当然，我也很重视假期中的一整段时间。将"零头布"拼接起来，可集中做一些事。我的好多著作及论文就是这样完成的。

李：您一直强调要文理相通，提倡学理科的要多学一些文科的知识。您自己在旧体诗词及书法方面都有很高的造诣。您觉得这对做一名出类拔萃的数学家究竟有什么好处呢？

苏：首先可以扩大视野，避免思想的僵化。在埋头做数学的同时，也要抬头看看世界的风云，了解当代科学技术的发展。这有助于扩大知识面，使头脑开阔、灵活，变得更加聪明起来。马克思主义的哲学，是指导思维的科学，对数学研究同样有重要的指导作用，可以使我们的脑筋开窍。董仲舒"三年闭户，不窥庭院"的办法，是绝对不行的。同时，文字与语言的表达能力，包括外文的修养，对从事研究工作、总结研究成果及进行学术交流都起到直接的作用，绝不可低

李大潜院士

估。此外，还可以调节身心，使生活充满情趣。一天到晚愁眉苦脸，是搞不好科研的，更不可能有别开生面的见地。空闲下来，做一两首打油诗，给生活添加一些润滑剂，又何乐而不为呢？

李：在去年庆祝您90华诞的大会上，您曾吟诗一首，其中有"丹心未泯创新愿，白发犹残求是辉"两句。您虽已90高龄，但精神抖擞，健步如前，大家都十分高兴，也非常关心您今后的打算，能不能请您简单地说一说？

苏：古诗说："贫不卖书教子读，老犹栽竹与人看"，这两句话现在也适用。我年纪大了，脑力慢慢衰退了，学问也老了，但还要继续鼓励一代又一代的年轻同志努力掌握飞速发展的科学知识，同时希望他们能像充满生机的翠竹一样，永远谦虚谨慎奋发向上，勇攀数学科学的高峰。

（采访者李大潜院士是苏步青的学生，本文原载1992年《群言》）

苏步青 数学家、教育家。1902年9月23日生于浙江平阳，2003年3月17日逝于上海。1919年中学毕业后赴日本留学，1927年毕业于日本东北帝国大学数学系。1952年全国高校院系调整，从浙江大学来到复旦大学数学系任教授、系主任，后任复旦大学教务长、副校长和校长。曾任多届全国政协委员、全国人大代表，以及第七、第八届全国政协副主席和民盟中央副主席等职。作为我国近代数学的主要奠基人之一和中国微分几何学派创始人，一生潜心科学，著作等身。还是一位令人敬仰的教育家，培养了包括多位中国科学院、中国工程院院士在内的一大批优秀科学人才。长期从事微分几何学和计算几何学等方面的研究。在仿射微分几何学和射影微分几何学研究方面取得出色成果，在一般空间微分几何学、高维空间共轭理论、几何外型设计、计算机辅助几何设计等方面均取得突出成就。代表作品为《微分几何学》《射影曲线概论》《射影曲面概论》。1955 年选聘为中国科学院学部委员（院士）。

李大潜 数学家。1937 年 11 月 10 日生于江苏南通。1957 年毕业于复旦大学数学系，1966 年该校在职研究生毕业。复旦大学教授。曾任复旦大学研究生院院长，中国数学会副理事长，中国工业与应用数学学会理事长，教育部高等学校数学与统计学教学指导委员会主任，国际工业与应用数学联合会执行委员。现为中法应用数学国际联合实验室中方主任。研究方向为偏微分方程的理论及应用。对拟线性双曲型方程组的自由边界问题和间断解的深入研究，对非线性波动方程经典解的生命跨度估计的完整结果，以及对拟线性双曲系统精确能控性的系统成果均得到国际上的高度评价。坚持数学理论和生产实际相结合，为各种电阻率测井方法建立了统一的基本理论框架，据此制作的测井仪一直成功地在大庆等众多油田使用。曾获国家自然科学奖二等奖、三等奖，何梁何利基金科学与技术进步奖，华罗庚数学奖，上海市科技功臣奖，苏步青应用数学奖等多项科技奖励及高等教育国家级教学成果一等奖及上海市教学成果特等奖。1995 年当选中国科学院院士，1997 年当选第三世界科学院院士，2005 年当选法国科学院外籍院士，2007 年当选欧洲科学院院士，2008 年当选葡萄牙科学院外籍院士。

> 做学问要"点深面广",要趁年轻,有选择地精读几本经典性专著,为自己打下扎实功底,日后定会一辈子受用不尽;也需要泛读一些其他的书,以拓宽自己的思维和知识领域。

学会有选择地读书

孙 钧

古人云:开卷有益。我看,这话只说对了一半,至少是不全面的。不是所有的书都是好书,更不是所有书对青年朋友都有用。书海无涯,我们的精力和时间有限,不能见书就读。做学问要"点深面广",要趁年轻,有选择地精读几本经典性专著,为自己打下扎实功底,日后定会一辈子受用不尽;也需要泛读一些其他的书,以拓宽自己的思维和知识领域。

解放前,我在交大土木系读书,时值政局动乱,师生们安不下心来,可就在那种极端恶劣的大气候下,我还是坚持着用心去读丁莫辛柯(S. Timoshenko)的几本当时公认的权威著作并基本读通,从《应用力学》到《材料力学》《弹性理论》和《板与壳》,从《结构力学》到《结构稳定与振动》。后来,又啃完了太沙基(K. Terzaghi)的《理论土力学》,做了上千道习题。感谢这些书和交大的师长们教会了我土木、结构工程的 ABC,有了搞土木工程学起码的基础储备。而今,这几本书还摆在我的案头，温故而知新，时时还要翻翻。

去拜会我的老师俞调梅老先生，看见他把有关岩土力学的一些文章粗读一遍后都按内容做好纸片，插夹在书本里并写上几个字，以便日后用时查找。这个办法真好，我学着干了，效果不错。

当今，学科之间相互交叉以及彼此间的融合和渗透，并在其结合点上产生新的学科分支或边缘新学科等新的学科领域，是现代科技发展的特点和需要。对于像笔者从事的还不完全成熟的岩土力学与地下结构工程学科，这种结合的趋势就更为明显。在这门学科的发展前沿，一直在不断地从其他相关的，甚至不太相关的学科中汲取新思想、新概念和新方法，结合岩土学科的自身特点，逐步形成自己新的分析体系，用以研究自己的新问题。今天，我们不仅要通过读书，学习或熟悉本门学科当前国内外的学术和技术动态，从中提出可以进一步深化研讨的课题。此外，还要了解一些相关学科的发展态势，用"它山之石，可以攻玉"的思想方法，取诸家之长为我所用。这方

孙钧院士在阅读（2012，方鸿辉　摄）

孙钧院士

面成功的例子，不胜枚举。

读书一定要带着问题读，边学习，边思考所关心和研究的问题。拿起一本书，如果不问三七二十一，就从第一页第一个字辛辛苦苦啃到全书最后一页最后一个字，我看，非但不能立竿见影，也不容易把知识真正学到手。我自己也有过教训。

要读好书，就必须热爱读书，是自觉地读而不是任何被动地读；要有热爱它的情感，就必须要先钻进去。试想，没有钻进去，哪会认识它，又何从热爱它呢？能使我们有孜孜以求、潜心进取，数十年如一日地锲而不舍的动力，我体会就只有"兴趣"两字。有了对书本、对自己的所学能钻进去，对它有浓厚的兴趣和感情，以至于好像吃饭、睡觉一样不可或缺的话，就会感到知识之广、之深真是浩如烟海，越学越有兴味，钻研与兴趣形成了良性循环。这样，成功也就在向您招手了。

记得早在20世纪50年代，我的导师、我国力学和桥梁工程界的权威学者李国豪先生就告诫过我们："一名大学毕业生，如果在毕业后五年内，没能养成自学的习惯和爱好，我看他以后也就难了。"这句警语，说得多好啊！正是前辈们的谆谆教导，我们听进去了，也老老实实照着做了，日后年齿渐长，而勤奋努力却仍不敢稍有懈怠，才不会有"少壮不努力，老大徒伤悲"的感喟。

草草写这些，以求共勉。

孙　钧　工程力学家，隧道与地下建筑工程专家。1926年10月23日生于江苏苏州。同济大学教授。1949年毕业于上海国立交通大学土木工程系；1956年随苏联专家斯尼特柯教授攻读钢桥结构副博士学位；1980年赴美国北卡罗莱纳州立大学任高访教授，从事博士后研究。在隧道与地下结构学科领域开拓并建立了新的学科分支——地下结构工程力学。在岩土材料工程流变学、地下结构粘弹塑性理论、地下工程施工变形的智能预测与控制，以及城市环境土工学等领域均有深厚的学术造诣。自20世纪80年代起，承担并完成了20多项国家科技攻关、自然科学基金及重大工程研究项目，取得了巨大的技术经济效益。在国内外发表学术论文360余篇，出版学术专著10部、参编3部。先后获国家级奖励4项、省部（市）级奖励17项，其中一等奖4项。历任国际岩石力学学会副主席暨中国国家小组主席，中国岩石力学与工程学会理事长，中国土木工程学会副理事长。1993年入选英国剑桥传记中心全球杰出人物名录，2015年获国际岩石力学学会颁授的会士称号，是我国学者获此褒奖第一人。1991年当选中国科学院学部委员（院士）。

我过去 30 年对肝癌的研究，可归纳为"识变"与"促变"，即不断认识肝癌变化的客观规律，并促使其按自身的规律转化。因此，如果能更自觉地运用辩证思维，就可能更快地推动事物的转化。

前景光明　任重道远

汤钊猷

1978 年秋，中国医学代表团一行 10 人，飞行 34 小时，从北半球到南半球，从东半球到西半球，经历了季节和昼夜的颠倒，到达阿根廷的首都布宜诺斯艾利斯，出席第 12 届国际癌症大会。这是四年一度全世界最大的癌症大会。我第一次出国，心情十分兴奋。但没有想到，我的论文竟被排在最后一天的下午，而且只能讲 5 分钟。当时我国肝癌研究在国际学术界的不受重视，由此可见一斑。我不得不采取主动参加讨论的方式，力求将我们的小肝癌研究成果加以表达。这个"挤进去"的发言，受到意想不到的重视。三年后，我成为一次最重要的国际肝癌会议主席团七名成员之一，并第一次坐到国际学术会议的主席台上。1990 年在汉堡召开了第 15 届国际癌症大会，我是肝癌会议的共同主席；到 1994 年在新德里召开的第 16 届国际癌症大会上，我成了肝癌会议的主席，所有的特邀演讲，都是由我决定去邀请的。在不到 20 年间，已有 52 个国际会议邀我作大会演讲。我国的肝癌研究已成为国际会议上不可缺少的重要内容。

从"挤进去"到"请过去"，反映我国肝癌研究的国际地位已有明显的提高。我以为这主要是我国走自己的道路和改革开放的结果。1985 年我主编出版了英文版《亚临床肝癌》一书，由国际著名出版社出版，在国际上发行。这是世界上第一本叙述小肝癌的专著，现代肝病学奠基人汉斯·帕波在为此书写的前言中写道："亚临床肝癌这一新概念，是人类认识和治疗肝癌的巨大进展。"同年，我们获得国家科技进步奖一等奖。两年后，作为全国 14 名中青年科学家之一，我有幸受到邓小平等党和国家领导人的接见。

1954 年我在上海第一医学院（即日后的上海医科大学）毕业后，就一直从事外科工作，主要是血管外科。1968 年由于工作的需要，我改行搞肝癌研究。于是，一切又得从头做起。那时肝癌临床的情景可以用一句话来概括——"病人从前门进来，又从后门出去"。天天有病人死亡，病房哭声不断。作为一名医生，目睹病人死亡是难免的，但短期内有这么多的病人相继去世，则是终生难忘的。这种痛苦使我下定决心，一定要为救治肝癌病人奋斗终生。如今，肝癌病房的面貌已明显改观，"病人从前门进来，又一个个从前门出去"。他们或好转，或治愈，病人在病房死亡已很少见。

在将近 30 年间，我（应该说也是我们上海医科大学肝癌研究所的集体）主要做了两件半事：一件就是小肝癌研究；第二件是不能切除的肝癌缩小后切除；第三件只做了一半，就是肝癌复发的防治。1971 年有一位外国学者收集全球 1905—1970 年间生存 5 年以上的肝癌病人，结果只能找到 45 人。换言之，生存 5 年以上的肝癌病人全世界每年还不到 1 位。肝癌是不治之症，是符合历史事实的。而上海医科大学肝癌研究所至 1990 年已有 239 位肝癌病人生存 5 年以上。住院的肝癌病人过去 5 年生存率不到 5%，如今已提高到 40% 左右。导致这个提高的主要原因是"小肝癌的研究及其延伸"。简言之，肝癌得到早期发现和"早期切除"的多了，而小肝癌切除的 5 年生存率比大肝癌切除者至少高一倍以上，达到 60%—70%；复发的肝癌由于可以在症状出现前早期发现并加以"再切除"，使肝癌切除后的 5 年生存率又进一步提高了 10%—20%；小肝癌研究的原理同样适用于部分不能切除的大肝癌，通过综合治疗使不能切除的大肝癌缩小，再加以"二期切除"，这种二期切除病人的 5 年生存率竟和小肝癌切除者一样好。但是不论"早期切除""再切除"或"二期切除"都有复发的问题，不解决复发问题，肝癌的生存率就难以进一步提高。这样，我们在 20 世纪 90 年代又开辟了一条新的战线——肝癌复发转移的研究与防治。

现在，无论"早期切除""再切除"或"二期切除"都已经是很多

汤钊猷院士侃侃而谈我国肝癌研究的水准日益提高

人都熟知的。但在当时，每迈出一步都是十分困难的，要经过一系列变革才能够获得。例如小肝癌研究之所以得到成功，是经历了由"等病人"到"找病人（普查）"的转变；诊断上则由"依靠四大症状"到"依靠甲胎蛋白和超声"的观念更新；外科治疗上也经历了由"肝叶切除"到"局部切除"的术式改变……最后才导致肝癌的预后由"不治之症"变为"部分可治之症"。因此，"变革"是科学得以进步的重要关键。前人的结论和原则，既要遵循，又要敢于怀疑，敢于改革。任何一个新的进步，都是在修正了过去认为天经地义的原则的基础上取得的。

记得1978年夏，当时美国纽约斯隆·凯特灵癌症中心主任古德教授来访，事先说是给我们示范查房，但逐一看了我们的病人，看了刚手术切除的小肝癌标本，信服了。第二年春，他叫他的秘书打电话来，说要给我们发奖。1979年秋，当我到美国受奖时，我问古德教授："你们的中心有上百个实验室，每年有上千篇论文，肝癌外科也不错，为何不给他们发奖，而发给我们？"他很简单地回答："你们治好了一批病人，而他们没有。"也许这正是我国肝癌国际地位提高的关键，因为我们走自己的路。我们始终把提高疗效摆在第一位。至今，我们肝癌治疗的疗效，仍然比很多西方国家好。

30年来，在肝癌的临床研究中，我慢慢悟出一点道理：世间一切事物总是不断地在变化，如肝癌的诊断已由"难"变"易"，现在只要验一滴血、做个超声检查，即不难查出肝癌；过去认为不正规的"肝局部切除"，在伴有肝硬化的小肝癌的条件下变成正规的手术方式；肝癌的预后已由"不治"变"部分可治"；肝癌可以"由小变大"，同样也能"由大变小"；我国肝癌研究的国际地位已由"低"变"高"，但如果不十分抓紧，也可能重新由"高"变"低"……总之，事物在一定条件下是可以向其相反方向转化的。我过去30年对肝癌的研究，可归

汤钊猷院士

纳为"识变"与"促变"，即不断认识肝癌变化的客观规律，并促使其按自身的规律转化。因此，如果能更自觉地运用辩证思维，就可能更快地推动事物的转化。

回顾过去 30 年研究肝癌的历程，第一个 10 年是大量地拥有前人肝癌研究的成果，在开始从事肝癌研究的头几年，我每天在图书馆看文献，到晚上 8 时闭馆才离开，终于看完几千篇肝癌相关的文献；与此同时，进行从早期发现、早期诊断到早期治疗的大量实践，特别是到肝癌高发现场——江苏启东县工作一年，终于总结出一整套小肝癌相关的规律，并在此基础上提高到理论，写成《亚临床肝癌》一书。第二个 10 年又将小肝癌研究的理论引申到复发小肝癌的再切除和不能切除肝癌的缩小后切除上。在此期间，我和吴孟超、夏穗生教授共同主编出版了第二本英文专著《原发性肝癌》，这本书总结了我国肝癌研究的精华。第三个 10 年，我们又马不停蹄地为研究肝癌切除后复发的防治而奋斗。

肝癌治疗研究取得实效的历史至今约 40 年。20 世纪 50—60 年代大肝癌切除，约使 5%—10% 的肝癌病人获益；70—80 年代小肝癌的研究，又使第二个 5%—10% 的肝癌病人获益；80—90 年代，不能切除肝癌的缩小后切除，预期将使第三个 5%—10% 的肝癌病人获益。但仍将有约 80% 的肝癌病人有待人们的努力。对我来说，30 年来虽做了两件事——小肝癌研究和不能切除肝癌的缩小后切除，但第三件事——肝癌复发转移的防治，则刚刚开始，这是比前两件要难得多的任务，我将寄希望于年轻的医学科学工作者。总之，肝癌研究的过去值得鼓舞，前景光明，但任重道远。

（本文写于1997年，发表于《中国工程院院士自述》，上海教育出版社出版）

汤钊猷　肝癌研究学者，肝癌早诊早治奠基人。1930年12月26日出生，广东新会人。1954年毕业于上海第一医学院。现任复旦大学肝癌研究所所长、复旦大学附属中山医院肿瘤外科教授。曾任国际抗癌联盟（UICC）理事、中国抗癌协会肝癌专业委员会主委、中华医学会副会长、上海医科大学校长。在国际上最早系统提出"亚临床肝癌"概念，主编英文版《亚临床肝癌》专著，使肝癌手术切除后5年生存率提高一倍，令肝癌从"不治之症"向"部分可治之症"转化。近年来又投入"肝癌转移复发的研究"，在国际上最早建成转移性人肝癌裸鼠和细胞模型，并成功用于肝癌转移的研究。曾先后两次任国际癌症大会肝癌会议主席，90余次在国际会议作特邀演讲，主办7次上海国际肝癌肝炎会议并任主席。任11本国际杂志编委，两本亚太区杂志主编。主编专著9部，参编国际专著16部。发表肝癌研究论文1000余篇，其中SCI论文288篇，他引5649次（在肝癌领域全球排名第三，大陆第一）。1979年获美国癌症研究所"早治早愈"金牌。以第一作者获国家科技进步奖一等奖2项、三等奖2项，何梁何利科技进步奖，中国医学科学奖，中国工程科技奖，吴阶平医学奖，陈嘉庚生命科学奖。还曾获全国白求恩奖章、全国"五一"劳动奖章、上海市科技功臣、上海市教育功臣等荣誉。已培养博士研究生59人，其中4人获全国优秀博士论文奖。1994年当选首批中国工程院院士。

对前人结论的怀疑，正是科学的起点。仔细观察那些真有成就的科学家，他们对问题的认识往往都要自己从头论证，从根上开始想问题，决不轻信前人。依此原则教育学生，重要的是教思想方法。

思想活跃与科学创新

汪品先

20世纪50年代莫斯科大学的考试，几乎全是口试。主考教师通常要求学生记住他讲课的内容，越详细越好。如果这位老师的讲义没有出版，迎考用的唯一材料便是课堂笔记。当时靠着年轻手快，我居然能把老师的讲课详细记录下来，差不多除了咳嗽声外很少遗漏。甚至听累了处在半睡眠状态下也能手不停地写，只要下课立即整理，竟也能从这些歪歪扭扭的字迹中辨识出词句来。考期一到，课堂笔记便成了宝贝，有时连苏联同学也来借。

即使这样，也不能万无一失。记得一次矿床学考试，主讲教授在听完我回答考签上的问题之后，又追问："第一堂课上我是怎么讲的？"我只好老实交代："那天留学生开会，请假了。"老师虽打了个满分（5分），表情却十分不快。更典型的是区域地质考试，墙上挂一幅苏联地图，老师用笔一点："在这里打钻，钻到的都是什么地层？"

据说有位自知背诵无望的学生，把地层表密密麻麻地抄在小纸卷上作"小抄"带入考场。对付这样的考试，确实是学生的一场灾难。考完之后，照例是狠狠地玩一番，把装满脑子的这门课程尽快忘掉。

假如把莫斯科大学说成是死背书的书塾，那是不公正的。就说那两周一次的名人学术报告吧，几百人的大教室场场爆满，其气氛之热烈有甚于大剧院。记得一次斯特拉霍夫院士作报告正值他的生日，当场宣布把一座新发现的海山以他姓氏命名作为礼物，激起了满堂掌声——要知道这位多产的地质学家，多年来因疾病不能坐下，是靠站着写作的。可是，这些都与考试无关，而学生的好坏是由考试成绩评判的。因此，当教研室主任奥尔洛夫院士对我们说"考试得个3分（及格）就可以了，关键要把论文做好"时，总觉得是歪门邪道。中国古生物学代表团访苏，斯行健院士劝我们"在国外最重要的是把外语学好"，我们问为什么，他说："可以看原版小说呀！"这话更令我觉得离谱。这些话含义之深，我过了几十年才理解。

汪品先院士谈科学创新与思想活跃

　　青年人的思想比较活,其实用考试是框不住的。当时读了点哲学书,禁不住要追问"宇宙之外又是什么"。到莫斯科的第二天就遇上小偷,学起"联共党史"来也不免产生疑窦。然而这些又与考试、学习无关,学习是记住书上、课上的东西,考试是把它们"还给老师"。中国留学生即使下课开会,也还是学习,学习各种伟人的指示,假如自己的认识与此不同或者有所怀疑,就可能属于该批判的范畴。1960年学成归国的留学生集中学习时,在对我作重点帮助的大会上,出身好的同学责问道:"为什么我们就从来没有怀疑过?"到了工作岗位,我不懂为什么学习会上人人说相似的话而没有人提问题,听我汇报思想的领导反问道:"为什么都要像你这样想怪问题呢?"

　　今天看来,这些并不是怪问题;但当时喜欢多想,也无可厚非。独坐静思,其实是十分有趣且有益的。我喜欢在飞机上观赏云海变幻,真想步出机舱在白花花的云毯上漫步;也喜欢在大雨声中凝视窗外,想象自己栖身在水晶宫的一隅……更喜欢把种种思绪诉诸笔墨,这便是日记。

汪品先院士在考察船上

　　多少年来,日记已成为一种爱好,直到"文化大革命"中,小将们想抓"反动教师",把我多年日记搜去为止。尽管日后进驻的工军宣队归还日记时着实鼓励了我一番:"看得出你是个要求进步的青年",但这段经历已经改变了我的习惯,从此日记只记"流水账"。

当然，思想活跃绝不是指胡思乱想。记得别洛乌索夫院士上课时说到有人向他投书，说是"发现"地球原来是颗大晶体，地面的山脉是晶体的棱角，而晶体的中心就在莫斯科。老师说，此人定是个疯子。其实这无非是个拍错了的马屁，恰恰说明思想的贫瘠，与思想活跃无关。

20 世纪 70 年代末期起，有机会与许多国家的同行相处，看到了不同的思考方法和教学方法。古

汪品先院士

生物学家把描述化石群和相应的现代动物群当作天职，但一位美国教授反问："没有描述过的动物群，为什么就要去描述？"一位在荷兰退休的教授说他从来只愿做仅有 60% 把握的事，"有百分之百把握的事，何必要我来做？"没有新意，便无所谓科学。对前人结论的怀疑，正是科学的起点。仔细观察那些真有成就的科学家，他们对问题的认识往往都要自己从头论证，从根上开始想问题，决不轻信前人。依此原则教育学生，重要的是教思想方法。当时在美国的范·安德尔教授说："我上课从来只教问题，不教答案。"澳州的英国皇家学会会员沃克尔教授在与研究生讨论论文选题时说："你年轻人自己没有想法，来找我这老头有什么用？"不少地方的学校，学生从专业、课程，到毕业年限、主考教师，都是自行选择的。这里姑且不去比较不同教学方法的优劣、得失，有一点是清楚的：独立思考，是研究科学、学习科学的起码要求。

朱夏院士的晚年，更加致力于人才培养。当我们谈到研究生学

术思想不够活跃时，他说："思想上不敢越雷池一步的学生，又怎样能在科学上创新呢？"这句话，是不是正击中了我们的要害？

　　汪品先　海洋地质学家。生于 1936 年 11 月 14 日，江苏苏州人。1960 年毕业于苏联莫斯科大学地质系。1981—1982 年获洪堡奖学金在德国基尔大学研究。现任同济大学教授，海洋地质国家重点实验室学术委员会主任。长期从事海洋地质学和古海洋学的研究。20 世纪 80 年代通过微体化石定量古生态学的研究，在我国率先开展古海洋学并从而进入国际深海研究领域。20 世纪 90 年代积极推动我国参加大洋钻探国际合作，主持 1999 年春在南海的国际大洋钻探 ODP184 航次，在中国海实施了首次大洋钻探。2011 年起主持国家自然科学基金重大研究计划"南海深海过程演变"，是我国海洋科学第一个大规模基础研究计划。在学术上强调低纬过程在全球气候演变中的作用，将全球季风概念引入地质记录，发现大洋碳储库跨越冰期旋回的四五十万年长周期，及其驱动机制的"溶解有机碳假说"。主持过国家 973 和重大基金项目 20 余项，曾担任中国海洋研究委员会主席、国际海洋联合会（SCOR）副主席、国际过去全球变化计划（PAGES）学术委员会副主任，并主持全球季风、亚洲古季风、西太平洋古地理等国际工作组。曾获国家教委科技进步奖、国家自然科学奖、中国科学院自然科学奖、何梁何利科学进步奖，以及欧洲地学联盟（EGU）"米兰科维奇奖章""亚洲海洋地质奖"等奖项，并获伦敦地质学会名誉会员、美国科学促进会（AAAS）会士等荣誉。1991 年当选中国科学院学部委员（院士）。

许多大事业、大作品，都是长期积累和短期突击相结合的产物。涓涓不息，将成江河；无此涓涓，何来江河？

读 书 的 乐 趣

王梓坤

读书的乐趣

你最喜爱什么？——书籍；

你经常去哪里？——书店；

你最大的兴趣是什么？——读书。

这是友人提出的问题和我的回答。真的，我这一辈子算是和书籍，特别是好书结下了不解之缘。有人说，读书要费那么大的劲，又发不了财，读它做什么？我却至今不悔，不仅不悔，反而情趣越来越浓。想当年，我也曾爱打球，也曾爱下棋，对操琴也有兴趣，还登台伴奏过。但后来都一一断交，"终身不复鼓琴"。那原因，便是怕花费时间，玩物丧志，误了我的大事——求学。这当然过激了一些，有点"左"。剩下来唯有读书一侣，自幼至今，无日少废，谓之书痴也可，谓之书橱也可，管它呢，人各有志，不可相强。我的一生大志，便是教书，而当教师，不多读书是不行的。

读好书是一种乐趣，一种情操；一种向全世界古往今来的伟人和名人求教的方法，一种与他们展开讨论的方式；一封出席各种社会、体验各种生活、结识各种人物的邀请信；一张迈进科学宫殿和未知世界的入场券；一股改造自己、丰富自己的强大力量。

书籍是全人类有史以来共同创造的财富，是永不枯竭的智慧的泉源。失意时读书，可以使人重整旗鼓；得意时读书，可以使人头脑清醒；疑难时读书，可以得到解答或启示；年轻人读书，可明奋进之道；年老人读书，能知健神之理。浩浩乎！洋洋乎！如临大海，或波涛汹涌，或清风微拂，取之不尽，用之不竭。吾于读书，无疑义矣，三日不读，则头脑麻木，心摇摇无主。

潜能需要激发

我和书籍结缘，开始于一次非常偶然的机会。大概是八九岁吧，家里穷得揭不开锅，我每天从早到晚，都要去田园里帮工。一天，偶然从旧木柜阴湿的角落里，找到一本蜡光纸的小书，自然很破了。屋内光线暗淡，又是黄昏时分，只好拿到大门外去看。封面已经脱落，

放牛也罢，车水也罢，我总要带一本书，还练出了边走田间小路边读书的本领，读得津津有味，不知人间别有他事（叶雄　绘）

扉页上写的是《薛仁贵征东》。管它呢，且往下看。第一回的标题已忘记，只是那首开卷诗不知为什么至今仍记忆犹新：

> 日出遥遥一点红，飘飘四海影无踪。
>
> 三岁孩童千两价，保主跨海去征东。

第一句指山东，二三两句分别点出薛仁贵（雪、人贵）。那时识字很少，半看半猜，居然引起了我极大的兴趣，同时也教我认识了许多生字。

这是我有生以来独立看的第一本书。尝到甜头以后，我便千方百计去找书，向小朋友借，到亲友家找，居然断断续续看了《薛丁山西征》《彭公案》《二度梅》，等等，樊梨花便成了我心中的女英雄。我真入迷了。从此，放牛也罢，车水也罢，我总要带一本书，还练出了边走田间小路边读书的本领，读得津津有味，不知人间别有他事。

当我们安静下来回想往事时，往往会发现一些偶然的小事却影响了自己的一生。如果不是找到那本《薛仁贵征东》，我的好学心也许激发不起来。我这一生，也许会走另一条路。人的潜能，好比一座汽油库，星星之火，可以使它雷声隆隆，光照天地；但若少了这粒火星，它便会成为一潭死水，永归沉寂。

抄，总抄得起

好容易上了中学。做完功课还有点时间，便常光顾图书馆。好书借了实在舍不得还，但买不到也买不起，便下决心动手抄书。抄，总抄得起。

我抄过林语堂写的《高级英文法》，抄过英文的《英文典大全》，还抄过《孙子兵法》，这本书实在爱得狠了，竟一口气抄了两份。人们但知抄书之苦，未知抄书之益，抄完毫末俱见，一览无余，胜读十遍。

始于精于一，返于精于博

关于康有为的教学法，他的弟子梁启超说："康先生之教，专标专精、涉猎二条，无专精则不能成，无涉猎则不能通也。"可见康有为强烈要求学生把专精和广博（即"涉猎"）相结合。

在先后次序上，我认为要从"精于一"开始。首先应集中精力学好专业，并在专业的科研中做出成绩，然后逐步扩大领域，力求多方面的精。年轻时，我曾精读杜布（J. L. Doob）的《随机过程论》、洛易夫（M. Loève）的《测度论》等世界数学名著，使我终生受益。简言之，即"始于精于一，返于精于博"。正如中国革命一样，必须先有一块根据地，站稳后再开创几块，最后连成一片。

丰富我文采，澡雪我精神

辛苦了一周，人相当疲劳了，每到星期六，我便到旧书店走走，这已成为生活中的一部分，多年如此。一次，偶然看到一套《纲鉴易知录》，编者之一便是选编《古文观止》的吴楚材。这部书提纲挈领地讲中国历史，上自盘古氏，直到明末，记事简明，文字古雅，又富于故事性，便把这部书从头到尾读了一遍。从此启发了我读史书的兴趣。

我爱读中国的古典小说，例如《三国演义》和《东周列国志》。我常对人说，这两部书简直是世界上政治阴谋诡计大全。即以近年来极时髦的人质问题（伊朗人质、劫机人质等），这些书中早就有了，秦始皇的父亲便是受害者，堪称"人质之父"。

《庄子》超尘绝俗，不屑于名利。其中"秋水""解牛"诸篇，诚绝唱也。《论语》束身严谨，勇于面世，"己所不欲，勿施于人"，有长者之风。司马迁的《报任少卿书》，读之我心两伤，既伤少卿，又伤司马；我不知道少卿是否收到这封信，希望有人做点研究。我也爱读鲁迅的杂文，果戈理、梅里美的小说。我非常敬重文天祥、秋瑾的人品，常记他们的诗句："人生自古谁无死，留取丹心照汗青。""谁言女子非英物，夜夜龙泉壁上鸣。"唐诗、宋词、《西厢记》《牡丹亭》，丰富我文采，澡雪我精神，其中精粹，实是人间神品。读了邓拓的《燕山夜话》，既叹服其广博，也使我动了写《科学发现纵横谈》之念。不料，这本小册子竟给我招来了上千封鼓励信。以后人们便写出了许许多多的"纵横谈"。

从学生时代起，我就喜读方法论方面的论著。我想，做什么事情都要讲究方法，追求效率、效果和效益，方法好能事半而功倍。我很留心一些著名科学家、文学家写的心得体会和经验。我曾惊讶为什么巴尔扎克在50年短短的一生中能写出上百部书，并从他的传记中去寻找答案。文史哲和科学的海洋无边无际，先哲们明智之光沐浴着人们的心灵，我衷心感谢他们的恩惠。

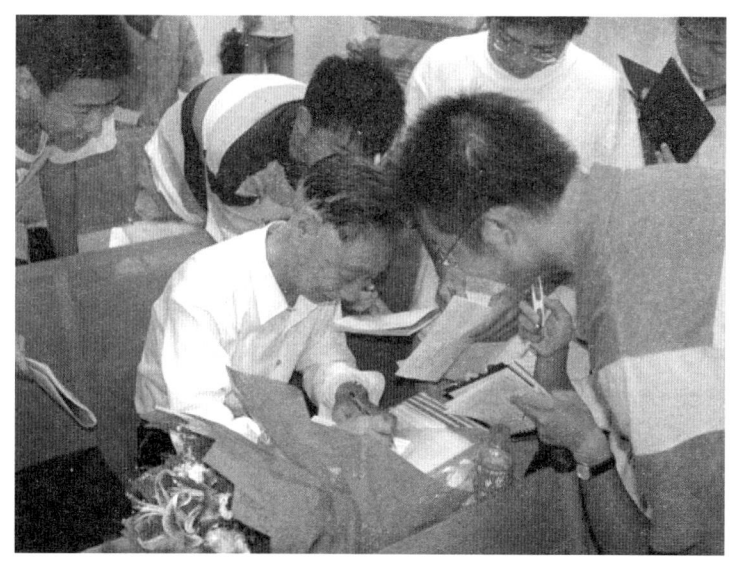

读书报告会后，听众纷纷请王梓坤院士题词留念

读书的另一面

王梓坤院士

以上我谈了读书的好处，现在要回过头来说说事情的另一面。

读书要选择。世上有各种各样的书：有的不值一看，有的只值得看 20 分钟，有的可看 5 年，有的可保存一辈子，有的将永远不朽。即使是不朽的超级名著，由于我们的精力与时间有限，也必须加以选择。绝不要看坏书，对一般书，要学会速读。

读书要多思考。应该想想，作者说得对吗？完全吗？适合今天的情况吗？从书本中迅速获得效果的好办法是有的放矢地读书，带着问题去读，或偏重某一方面去读。这时，我们的思维处于主动寻找的地位，就像猎人追找猎物一样主动，很快就能找到答案，或者发现书中的问题。

有的书浏览即止，有的要读出声来，有的要心头记住，有的要笔头记录。对重要的专业书或名著，要勤做笔记，"不动笔墨不读书"。动脑加动手，手脑并用，既可加深理解，又可避忘备查，特别是自己的灵感，更要及时抓住。清代章学诚在《文史通义》中说："札记之功必不可少，如不札记，则无穷妙绪，如雨珠落大海矣。"许多大事业、大作品，都是长期积累和短期突击相结合的产物。涓涓不息，将成江河；无此涓涓，何来江河？

爱好读书是许多伟人的共同特性，不仅学者专家如此，一些大政治家大军事家也如此。曹操、康熙、拿破仑、毛泽东都是手不释卷，嗜书如命的人。他们的巨大成就与毕生刻苦自学密切相关。

王梓坤 数学家。1929 年 4 月 30 日生于湖南零陵（祖籍江西吉安）。1952 年毕业于武汉大学数学系；1958 年莫斯科大学数学力学系研究生毕业，获苏联副博士学位；1988 年获澳大利亚麦克里（Macquarie）大学名誉科学博士学位。1984 年至今任北京师范大学数学科学学院教授、博士生导师。历任南开大学数学系教授（1952—1984），北京师范大学校长（1984—1989），汕头大学数学研究所所长（1993—1999）。曾任中国高等师范教育学会理事长，科学方法论研究会主任，《中国科学》《科学通报》编委等。发表《生灭过程与马尔可夫链》等专著 7 部，数学论文与科普文章各数十篇。培养博士生 20 余名、硕士生 30 余名。曾获国家自然科学奖（1982），国家教委科技进步奖（1985），全国科学大会奖（1987），何梁何利基金科学技术进步奖（2002），国家级中青年有突出贡献专家称号（1984）等。还被评为建国以来成绩突出的科普作家（1990），中国教育时代人物（2008）。1984 年最早提出"尊师重教"，并与北京师范大学部分教授共同倡议在全国设立教师节，1985 年全国人大决定：每年 9 月 10 日为"教师节"。1991 年当选中国科学院学部委员（院士）。

"半亩方塘一鉴开，天光云影共徘徊。问渠那得清如许？为有源头活水来。"通过每日生活的记实，自然使文字表达的能力也得到锻炼，到作文时便有"源头活水"源源而来了。

贵 在 坚 持

魏荣爵

从写日记谈起

我年轻时，课余之暇，爱写日记和杂文。写日记，既记事也写感想，长年累月，集腋成裘，过了些时间再翻阅，不仅对往事是个重温，并有益于来兹，同时又是用文字表达思想的训练。写杂文，无论科学家轶事、京剧评论、杂感等，也是从日记里提炼出来的读书和日常接触的事物的心得和体会，自认为值得发挥以抒发情怀。我用的是只有自己才知道的笔名。虽不求闻达，但稿酬多少可补学用。

记日记翔实，杂文丰产，皆在我念完大学以前（即 1937 年暑期以前）。"七七事变"，接着"八一三事变"，日军占领上海，南京岌岌可危，而北行成空（因为天津南开中学主任喻传鉴先生曾来宁聘物理教师，与我面谈过随即寄来聘书），只有随姊携弟返回湖南邵阳故里，行色匆匆，旅途拥挤，于是我离开盈尺时，日记与刊物上的杂文以及手稿，全部未带！此后由邵阳再去南开中学（1938—1941年移于重庆）、金陵大学重庆分校（1942—1945年）以至在国外（1945—1951年），虽然杂文少写了，日记从简，甚至改为周记（仅记一周来感到足以"备忘"的事），可这个习惯直到回国后并没有中断，而且被我的大女儿继承下来……

在"文化大革命"期间，我曾被怀疑是"埋藏得很深的阶级敌人"！

来势汹汹的红卫兵为了找"半夜向美蒋发报的发报机"——因我失眠常午夜不睡，谬传是干这类"特务勾当"，抄家次数可谓频繁，从地板向地下，又延伸到破天花板而上，翻腾得可谓彻底！由于无所获，于是我写的文稿、笔记，尤其是日记，成为最好的凭证。他们可以据此任意曲解和断章取义地来审问我，使我从大惑不解起，到后来的神志不清……等到自己获得自由后，有相当长的一段时间，我对写日记已不感兴趣。当然，我对过去两次丢失的日记、手稿等，仍深感惋惜，既是徒劳，又是终生遗憾了。在这些偏激思想的影响下，不仅日记停写，其他非专业文稿也很少写。由于久不用汉语写事，笔头钝了，文思不流畅了，更可笑的是某些常用字的正确写法忘了，不时还

魏荣爵院士在办公室

要求助于拼音字典，十分可笑。

去年（1993 年）我女儿回国探亲，她说要找过去留在家里的童年日记。我想，我们家已"历尽沧桑"，大凡文字及手稿皆流离失所，哪里还能有她的日记存在？我武断地说："你会失望的！"却没料到，奇迹出现了。她用了两天时间，居然从我尚没空整理的许多外文杂志与书籍堆中"搜"出一个硬纸匣，里面装满了她当年的日记，她说："一本也不缺！"是造反派抄漏了呢，还是"童言无忌"？

特别值得我保存并给我启发的是，她在日记中找到我 1963 年给她写的一段鼓励写日记的话，是我已完全忘记了的话，它是对我自己言行的反击！她至今仍每天写日记，其志可嘉。因此，我又给她写了"贵在坚持"四个字，把我当年给她写的信的原文复印给南大校刊（载于 1993 年 10 月 20 日），并加上自己的简短"按语"发表。我觉得写日记如此，做学问更应如此，一曝十寒，是最忌讳的。这也是我自己的现身说法嘛，也许对在校的年轻同学有点用处。

漪华平时作文写得不错，可是太费劲了！从此，每天作日记，是克服这个缺点的好办法。这个习惯应当永远坚持下去。不论多忙都不该有所间断才对！明朝有位学者叫作朱熹的有过这么一首诗："半亩方塘一鉴开，天光云影共徘徊。问渠那得清如许？为有源头活水来。"通过每日生活的记实，自然使文字表达的能力也得到锻炼，到作文时便有"源头活水"源源而来了。

当然，写日记的最大目的还不在这里。从这里面可以反映出学习、生活……将来可供回忆，吸取经验和接受教训。

总之，这是一件很重要的事情的开始，不能随便地对待它。

希望漪华的一切也随着日记的年月日和字数而进步。

爸爸

1963.1.28 于病中

我读懂了"天书"

由此及彼，使我联想起我毕生中几件事。

我童年在北京上小学，是与北师大附小齐名的北师附小。我进的是 5 年毕业的"特别班"，应当说是优秀学生班。1927 年夏，随家长搬到上海，我母亲早逝，父亲对子女上学不太关心，就让我转学到离家最近的一所中学。

入学后我就感到不对劲，除了国文是一位旧学老师，讲《论语》《孟子》外，其他都是"洋"老师（其中只有一位是真洋人），用的也是洋文课本，以我只学会英文字母的基础，万难听懂老师讲的，课后更看不懂"天书"般的洋课本中的字句。小学算术我还算可以，可我怎能看懂除数学符号以外的课文？第一学期，我除国文课以外，其余都不及格。一向有自尊心的我，又不肯向功课好的同学求教，家里又没人辅导。后来，我觉得非自力更生不可，我在世界书局找到几本汉英对照的书，记得最清楚的是当年日本首相田中给他们天皇写的侵华的计划《田中奏折》中英对照的小册子，其中透露出日本军阀全面侵华的狼子野心。我逐字逐句理顺了两种文字的对应关系，语法学习则求助于当时盛行的《纳氏文法》等书籍，而且我在一个暑期中还把学校某些文学课本（我记得英文课有文学、文法、作文、会话四门课）通读了一遍。初中毕业后，我转学到一所非教会学校。第一堂英文作文课，教师出的题目是关于对日本侵略东北三省的控诉，这方面我词汇很熟，因此是最先交卷的，教师当堂就表扬了我，并朗读了我那篇作文。这时，我回想起念初中时什么算术、文学、生物、地理，我之听不懂，看不进，视之如"天书"，全是文字在作怪，其实内容毫无深奥之处。那篇作文写得快，不也正是我坚持几个暑假的努力，从而使我有了"源头活水"吗？

"嗒嗒"声给我带来的喜悦

魏荣爵院士

当我选定研究水雾对声音吸收作为学位论文时，除查阅有关文献外，更重要的是实践。我住在离学校约十余英里的地方，那个地区（美国洛杉矶）多雾，而大雾弥漫时却在午夜或凌晨，因此我回到家中每天都要"观天象"。当看到有浓雾时，必然要立即驱车到学校。那时，物理楼已夜深人静，我有一把万能钥匙，打开进楼门径直奔我的实验室，把一件一件测量仪器搬进电梯，上升到顶层上的平台，然后记录数据。这是我一个阶段的例行工作。手持电筒射出强光的老人，见到我总是彼此会心地微笑而过。这是对天然雾的测量，白天则是与人造水雾打交道。这样昼夜不分的生活，我持续了近一年之久。最令我失望的就是我试验用频闪灯拍摄悬浮态的雾滴，往往失败。我用了上百英尺的 16 毫米胶卷却得不出几张可用的清晰照片。最后，我只能改用其他办法……后来论文完成了，可我总觉得这个问题没有妥善解决，也就是不管天然水雾或者人造水雾，究竟单位体积中有多少个雾滴，它们的大小分布如何？这是一个看来极为简单的问题，为什么就没有现成的精确测量仪器，也没人去动脑筋设法解决它呢？于是，我决定努力坚持下去，或许能找出个门道。这是否就是学问之道呢？

一天，我忽然想起我过去在学校物理实验中用过的闪烁计数器，我又想到雾滴穿过光线必然有散射光（那时没有激光），但是我找到一种金属锆的点光源并自己加工一些附件，接好一个合适的光电倍增管，组成一台试制的"雾滴计数器"。这台仪器包括一根吸引水雾的管子，凡进去的水雾，其中有一束微细雾流，也就是单个粒子流，是一定要通过由点光源连接光学系统所聚集的微小光柱，从而引起光的散射。这个微弱的讯号使光电倍增管所联结的标记器记数，每当一个雾滴经过这种仪器的机械装置时，便会发出"嗒"一声。由于雾滴浓度相当大，于是"嗒嗒"声不绝，甚至密集到远非人耳所能分辨的程度！而我所在的实验室以及邻近的声学实验室都是极为安静的，因此这些响声曾惊动了邻近的教授和研究生都来围观，对这个设计颇多赞语。后来我核实了一下，与其他方法测量的结果，数量级是相同的，装置简便，结论更精确。

这使我回想起，每当我白天或黑夜，带着很长的 16 毫米胶卷回

魏荣爵院士在查看老照片，寻找岁月的痕迹

家，在权作暗室的浴室中洗印，又像沙里淘金那样，几个月里难得找出凑巧在电影摄影机的焦距内的几幅清晰的雾滴照片，可说是苦尽甘来，这些"嗒嗒"声给我带来的喜悦，至今仍是我值得回味的。

（本文撰于 1994 年）

魏荣爵 声学家。1916 年 9 月 4 日生于湖南邵阳，2010 年 4 月 6 日逝于南京。1937 年毕业于金陵大学。1950 年获美国加利福尼亚大学物理哲学博士学位。历任南京大学教授、物理系主任、声学教研室主任、声学研究室主任、声学研究所所长、信息物理系名誉主任。并曾任中国声学学会副理事长、名誉理事长，全国电声学标准化技术委员会名誉主任，第三世界物理中心及美国洛斯·阿拉莫斯国家实验室顾问等职。作为中国声学事业的开创者之一，运用分子的驰豫吸收理论成功地解释了低频声波在水雾中的反常吸收，指出声能耗散原因并得出水雾吸声普适公式；首创雾滴计数器；首先开展语言声学研究，在国际上最早提出用现场语噪声方法测量汉语平均谱，研究了混响及噪声对汉语语言通信的影响；在分子声学、微波声学、低温声学、混沌、孤立子等开创性研究中均取得突出成果。1980 年当选中国科学院学部委员 (院士)。

由于科技发展迅速，不仅要活到老学到老，要打好自学的基础，而且要掌握良好的学习方法。在这方面很多专家都有很好的经验，但共同的一点都是任何成就都来自勤奋刻苦的学习。

掌握方法　持之以恒

谢希德

我们今天所说的知识，范围非常广泛，包括政治、经济、文化和科学技术等各方面的知识。在"知识大爆炸"的时代，要掌握人类创造的全部知识，几乎是不可能的事。在跨入 21 世纪时，许多人都说新的世纪是信息的时代。现在的青少年都将是跨世纪的人才，大家都关心如何学习和如何学好，才能更好地迎接新世纪的挑战。

知识增长速度惊人

当前科学技术发展非常迅速，随之而来的便是知识和信息的"爆炸"。英国一位科学家推测，人类的科学知识在 18 世纪是每 50 年增加一倍，20 世纪中叶是每 10 年增加一倍，到 20 世纪 80 年代已发展到每 3 年增加一倍，而现在的发展速度更加惊人。就拿我比较熟悉的半导体器件的发展为例，就可以说明发展速度之快，是难以想象和预料的。

50多年前,在美国贝尔实验室的三名年轻的物理学家肖克利、巴丁、布拉顿发明了锗晶体管,因而获得了1956年的诺贝尔物理学奖。晶体管的发明引起了电子学和计算机技术的革命,由于20世纪60年代对硅器件特性和工艺的系统性基础研究,提高了MOS电路的稳定性和可靠性,这些又导致了70年代后集成电路的飞速发展。1971年美国英特尔公司(Intel Corporation)4004微处理器芯片的诞生是个重要的里程碑,这个芯片有2300个晶体管;1982年英特尔又推出16位的80286处理器芯片,片内集成了13.4万个晶体管;1986年出厂的32位微处理器80386,片内集成了27.5万个晶体管;而1997年的Pentium2则集成了750万个晶体管。这个发展速度,就像当年英特尔的两名创始人之一的戈登·摩尔(Gordon Moore,后任名誉董事长)所预言的那样:微处理机的性能每18个月即增加一倍,或每两年在同一个大小的芯片上,晶体管的数目翻一番。这个预言即著名的"摩尔定律"。这个定律至今还未被推翻。1997年Pentium2的晶体管数目是当年4004的晶体管数的3260多倍。这个发展速度

谢希德院士每晚坚持学习

显然是惊人的。今年（1999 年）一定会再推出新的产品。有人预言到 2020 年一台台式计算机的能力将是现在所有在美国硅谷计算机能力的总和。从上面这个例子就可以说明，科学技术发展的突飞猛进。而这个例子也仅是无数例子中的一个。

在 20 世纪 50 年代任何一位在课堂上教晶体管原理的老师，很难预计到今日集成电路的发展所达到的高度。面对无穷知识的海洋，年轻的朋友们首先要认识到学海无涯，永无止境，树立"活到老学到老"的信念。由于人的一生在学校的时间是短暂的，许多知识要靠自学。显然，自学是不能靠老师，而要靠自己的。因此，必须掌握自学的各项基本技能，诸如会求助于书本，能在实践中不断总结经验以不断提高，在工作中虚心地拜能者为师……这些都是主要的学习方法。在信息社会中，通过网络学习也是一条重要的途径。当然，最主要的是打好基础，除去学科的基础知识外，其他的基础是至少要熟练地掌握一门外语，同时要学会如何通过计算机在互联网中学习。

掌握方法　持之以恒

由于科学发展的迅速，许多知识要在离开学校后通过自学去掌握。因此，树立正确的学习方法非常重要。首先要处理好"专"与"博"的关系。从小学、中学到大学的学习阶段，应是打好基础的关键时期。虽然在大学中，每个人一般要选一门主修的学科，但绝不能以此作为定终身的专业，而应选读一些非主修的课程，以扩大自己的知识面。由于科学在不断发展，许多重要的科学成就往往是在离开学校后才发现的，而且它们多是集体智慧的结晶，也是学科交叉的结果。例如在 1962 年由于揭示了脱氧核糖核酸（DNA）的双螺旋结构而得到诺贝尔奖的沃森、克里克、威尔金斯等，后两人都是擅长 X 射线衍射研究晶体结构的物理学家。克里克是读了物理学大师、理

谢希德院士

论物理学家薛定谔写的《什么是生命》才开始对生物学感兴趣的。可见，有一定广度的知识面，可以避免鼠目寸光，不至于把自己束缚在一个小的圈子中而不能自拔。除去不同学科领域的专家的合作外，剑桥实验室中自由讨论的氛围，也是促进这项重要发现获得成功的重要因素之一。又如我有一位读物理学的博士生，他除去对物理学感兴趣之外，对国际关系也很感兴趣，他在国外作博士后研究工作时，选了防止核扩散和地区安全作为研究方向，经过多年废寝忘食的努力，加上他的物理学背景，他已成长为在国际上颇有影响的专家了。又如有名的建筑学家认为要成为一名成功的建筑师，既需要工程技术方面的知识，又需要在艺术方面有较深的修养，还需要有人文学科和社会科学方面的知识，才能设计出符合社会需求，又为人们所喜爱的建筑。最近也有调查表明，在医学院的学生中，不少人的人文学科和社会科学方面的知识太贫乏了，这就与中学过分重视应试教育以及过早实行文理分科有很大关系，也应更加重视多学科素养的培育。

由于科技发展迅速，不仅要活到老学到老，要打好自学的基础，而且要掌握良好的学习方法。在这方面很多专家都有很好的经验，但共同的一点都是任何成就都来自勤奋刻苦的学习。著名数学家华罗庚先生在对青年谈学习时指出："聪明在于学习，天才由于积累。"任何美好理想的实现，都要靠艰苦不懈的努力。就是靠这种非凡的努力，华罗庚在 1931 年以一名初中毕业生的身份进入清华园学习后，只花了四年的时间，不仅修完大学课程，发表了论文，而且还被破格提为清华大学的助教，1936年又被选派往英国剑桥大学留学。1938年回到昆明的西南联合大学后，在当时系主任杨武之教授的提议下，提升为教授。从一名初中毕业生到教授仅用了八年的时间，这主要归之于他有惊人的毅力和刻苦学习的精神。古人韩愈有名言："业精于勤而荒于嬉，行成于思而毁于随。"勤于学习，善于思考，就是韩愈主张的成功秘诀。

我国科学技术已有了较大进展，但从总体上看，与世界先进水平相比，还有较大的差距。因此，摆在年轻朋友面前的任务还很艰巨。希望你们能抓住机遇，迎接挑战，勤于学习，善于学习，新世纪一定是属于你们的。

（本文写于1999年）

谢希德　固体物理学家、教育家、社会活动家。1921年3月19日生于福建泉州，2000年3月4日逝于上海。1946年毕业于厦门大学。1951年获美国麻省理工学院物理系哲学博士。复旦大学教授、校长。长期从事固体理论研究，是中国半导体物理学和表面物理学的开创者和奠基人，在表面和界面物理以及量子器件和异质结构电子性质理论研究方面成果突出，培养出数位当今中国该领域的学术带头人。还曾为中国高等教育事业的发展、物理学科研机构的建立与发展，科教领域的国际交流和合作，以及物理学会的工作作出突出贡献。从1981年起先后获美国史密斯女子文理学院、美国霍里约克山学院、日本关西大学、美国贝洛特学院、纽约州立大学阿尔巴尼分校、索福克大学、加拿大麦克马斯特大学授予的名誉科学博士学位。1988年被选为第三世界科学院院士。1991年被选为美国文理科学院外国院士。1980年当选中国科学院学部委员（院士）。

法国小说家莫泊桑说过："一个人以学术许身,便再没有权利同普通人一样的生活法。"

谈谈读书、教学和做科学研究

严济慈

(一)

读书主要靠自己,对于大学生来说尤其如此。读书有一个从低级向高级发展的过程,这就是听(听课)——看(自学)——用(查书)的发展过程。

听课,这是学生系统学习知识的基本方法。要想学得好,就要会听课。所谓"会听课",就是能抓住老师课堂讲授的重点,弄清基本概念,积极思考联想,晓得如何应用。有的大学生,下课以后光靠死记硬背,应付考试,就学习不到真知识。我主张课堂上课认真听讲,弄清基本概念;课后多做习题。做习题可以加深理解,融会贯通,锻炼思考问题和解决问题的能力。一道习题也做不出来,说明还没有真懂;即使所有的习题都做出来了,也不一定说明你全懂了,因为你做习题有时只是在凑凑公式而已。如果知道自己懂在什么地方,不懂又在什么地方,还能设法去弄懂它,到了这种地步,习题就可以少做了。所谓"知之为知之,不知为不知,是知也",就是这个道理。

一位学生，通过多年的听课，学到了一些基本的知识，掌握了一些基本的学习方法，又掌握了工具（包括文字的和实验的工具），就可以自己去钻研，一本书从头到尾循序地看下去，总可以看得懂。有的人靠自学成才，其中就有这个道理。

再进一步，到一定的时候，你也可以不必尽去看书，因为世界上的书总是读不完的，何况许多书只是备人们查考而不是供人们通读的。一个人的记忆力有限，总不能把自己变成一座会走路的图书馆。这个时候，你就要学会查书，一旦要用的时候就可以去查。在工作中，在解决某个问题的过程中，需要某种知识，就到某一部书中去查，查到你要看的章节。遇到看不懂的地方，你再往前面翻，而不必从头到尾逐章逐节地看完整部书。很显然，查书的基础在于博览群书。博览者，非精读也。如果你"闭上眼睛"，能够"看到"某本书在某个部分都讲到什么，到要用的时候能够"信手拈来"，那就不必预先去精读它，死背它了。

读书这种由听到看，再到用的发展过程，用形象的话来说，就是

严济慈院士在阅读

把书"越读越薄"的过程。我们读一本书应当掌握它的精髓，剩下的问题就是联系实际，反复应用，熟则生巧了。

那么，我们怎样理解对某个问题是否已弄懂了呢？其实，我们平时所谓的"懂"，大有程度之不同。你对某个问题理解得更透彻更全面时，就会承认自己过去对这个问题没有真懂。现在，真懂了吗？可能还会出现"后之视今，亦犹今之视昔"的情形。所以，"懂"有一个不断深入的过程。懂与不懂，只是相对而言的。这也就是"学而后知不足"的道理。

每个人都要摸索一套适合自己的读书方法，要从读书中去发现自己的长处，进而发扬自己的长处。有的人是早上读书效果最好，有的人则是晚上读书效果最好；有的人才思敏捷，眼明口快，有的人却十分认真严谨，遇事沉着冷静；有的人动手能力强，有的人逻辑思维好……总之，世上万物千姿百态，人与人之间也有千差万别，尽管同一位老师教，上同样的课，但培养出来的人总是各种各样的，决不会是一个模子铸出来，像一个工厂的产品似的，完全一个模样。

归根结底，读书主要还是靠自己，有好的老师当然很好，没有好的老师，一个人也能摸索出适合自己的读书方法，把书读好。我这样说并不是说老师可以不要了，老师的引导是十分重要的。但是，即使有了好的老师，如果不经过自己的努力，不靠自己下苦功，不靠自己去摸索和创造，一个人也是不能成才的。

当今，在科学技术迅猛发展的时期，自然科学和社会科学更是密不可分，相互交叉，出现了不少边缘学科。所以理工科的学生，应该读点文科的书。同样，文科学生，也应该读点理工科的书。理工科的学生只有既懂得自然科学知识，又知道一些社会科学知识，既有自己专业的知识，又有其他学科的一般知识，这样才能适应现代社会的要求。

（二）

搞好教学工作是老师的天职。一名大学老师要想搞好教学工作，除了要有真才实学以外，还必须一要大胆，二要少而精，三要善于启发学生，识别人才。

首先讲要大胆，中青年教师尤其要注意这一点。一些教龄较长、教学经验较丰富、教学效果较好的同志一定有这样的体会，即从某种意义上来说，讲课是一种科学演说，教书是一门表演艺术。如果一位老师上了讲台，拘拘束束，吞吞吐吐，照本宣科，或者总是背向学生抄写黑板，推导公式，那就非叫人打瞌睡不可。一位好的老师要像演员那样，上了讲台就要"进入角色"，且要"目中无人"，一方面要用自己的话把书本上的东西讲出来；另一方面你尽可以"手舞足蹈"或"眉飞色舞"，进行一场绘声绘色的讲演。这样，同学们就会被你的眼色神情所吸引，不知不觉地进入到探索科学奥秘的意境中来。怎样才能做到这一点呢？这就要求你必须真正掌握自己所要讲的课程的全部内容，也就是要做到融会贯通，运用自如，讲课时能详能简，能长能短，既能从头讲到尾，也能从尾讲到头，既能花一年之久详细讲解，也能在一个月之内扼要讲完。到了这种时候，就像杂技艺人玩耍手中的球一样，抛上落下，变幻无穷，从容不迫，得心应手。要做到这一点，必须自己知道的、理解的东西，比你要讲的内容广得多、深得多。我个人的体会是讲课不能现准备、现讲授，要做到具有不需要准备就能讲的才讲，而需要准备才能讲的不要讲。

老师对自己说教的课程掌握熟练，又能用自己的话去讲，才能做到"少而精"，深入浅出。老实说，如果你只会照书本讲，你讲一个小时，学生自己看半个小时就够了。好的老师，虽曾写过讲义，著过书，讲课时也不会完全照着自己写的书或讲义去讲，他只需把最精彩的部分讲出来就行了。这是什么道理呢？可以打个比方，著书类似于写小说，教书则类似于演戏。要将一本小说改编成一出戏，不过是三五幕，七八场。从上一幕末到下一幕初，中间跳过了许多事情，下一幕开始时，几句话一交代，观众就知道中间跳过了什么情节，用不着什么都搬到舞台上来。搬到舞台上的总是最精彩的段落，最能感动人而又最需要艺术表演的场面。

要想教好书，还必须了解学生。下课后能与学生随便聊聊，"口试"一下，不消半个小时，就可以从头问到底，学生掌握课堂知识的深浅程度就知道了，老师讲课就有了针对性，效果会好得多。现在有的老师对学生不了解，也分不出自己所教的学生的程度；上课前东抄西抄，上课时满堂灌，虽然教了多年书，效果也不会好。

好的老师要善于启发学生，善于识别人才，因材施教。你到讲台上讲一个基本概念，就要发挥，要启发学生联想，举一反三，这样才能引人入胜。这个问题是怎样提出来的，又是怎样巧妙地解决的，与它类似的有哪些问题，还有哪些问题没有解决……这就是我们常说

1926 年严济慈先生在法国巴黎大学实验室

的"启发式的教学"，它可以一步步地把学生引入胜境，把学生引向攀登科学技术高峰的道路上去，使人的雄心壮志越来越大。现在的大学生素养好，肯努力，男的想当爱因斯坦，女的想当居里夫人，都想为国家争光，为"四化"多作贡献，我们做老师的应该竭尽全力帮助他们成才。如果一名年轻人考进大学后，由于教学的原因，一年、两年、三年过去了，雄心壮志不是越来越大，而是越来越小，从蓬勃向上到畏缩不前了，那说明我们是误人子弟了，既对不起年轻人，也对不起人民和国家。这是我们当老师、办学校的人应当十分警惕的。

（三）

许多学生日后准备考研究生，有些学生大学毕业后可能直接分配到研究所参加科学研究工作。大家常问：科学研究工作的特点是什么？从事科学研究的人应该具备什么样的条件？

我认为，科学研究工作最大的特点在于探索未知，科学研究成果的意义也正在于此。恩格斯说过："科学正是要研究我们所不知道的东西"（《马克思恩格斯选集》第3卷第541页）。科学研究工作是指那些最终在学术上有所创见，在技术上有所创造，即在理论上或实践上有所创新的工作。所谓创新，就是你最先解决了某个未知领域或事物中的难题，研究的结果应该是前人从未有过，而又能被别人重复的；得到的看法应该是从来没有人提出来，而又能逐渐被别人接受的。总之，科学研究工作的成果完全是你自己和研究工作的集体在前人的基础上创造出来的。

因此，从事科学研究的人，要经过训练，要有导师指导，在学术上必须具备两条：第一是能够提出问题，第二是善于解决问题。

首先是你要在所从事的领域里，在古今中外前人工作的基础上，提出新的问题，也就是要找到一个合适的研究题目。这个题目应该

严济慈院士

是经过努力短期内能够解决的，而不是那种经过十年、二十年的努力都没有希望解决的问题。这一点是区分初、中、高级研究人员的重要标志之一。初级人员是在别人给他指点的领域、选定的题目之下完成一定的研究工作；中级人员自己能够找到一个比较合适的研究题目，并独立地去解决它；高级人员除了自己从事创造性的工作外，还应该具有指导研究工作的能力，能为别人指点一个合适的领域或题目。因此，对于一位研究生或刚参加工作的大学生来说，找一位好的导师是很重要的。找怎样的导师好呢？是年老的，还是年纪稍轻的？我说各有各的长处和短处。年轻的导师自己正在紧张地做研究工作，你该做些什么，导师早已安排好了，也许一年半载就出了成果，这对一位研究生的成长是有利的。但是，由于你只是参加了部分研究工作，虽然出了成果，你和导师联名发表论文，但你可能还不完全知道其中的奥秘，也不完全明白它的深刻意义。如果你是在国外，你的导师也许把你当作劳动力来使用，回国以后你想重复，可能也做不起来。反过来，如果导师是年老的，他很忙，只能给你指点个方向，许多具体困难你只好自己去克服，出成果可能就慢些，但可以锻炼你独立工作的能力。跟这样的导师还有一个好处，就是与他打交道的大都是当代名家鸿儒，你在那里工作，他们来参观，点个头，握个手，问答几句，可以受到启发和鼓舞，增强你克服困难的信心，有助于研究工作中突破难关。

其次，要求科学研究人员有善于解决问题的能力。创造，实际上是一个克服困难的过程。你能够克服这个困难，你把这个问题解决了，就有新的东西得出来了，也就是说你有所创新了。不管是搞自然科学还是搞社会科学都一样。要做科学研究工作，总会碰到一些困难的，没有困难还要你去研究什么？困难克服得越多，你解决的问题、得到的结果越重要，你的创新成果也就越大。所以，我们讲一个人能不能独立地做研究工作，就是讲他有没有克服困难的能力、决心和信心。一个人的能力，就是在不断克服困难中锻炼出来的。培养人就是培养克服困难的能力。一个人能不能搞科研工作，并不取决于他书读的多少，而在于他有没有克服困难的能力。

怎样才称得上是第一流的科学研究工作呢？首先，研究题目必须是在茫茫未知的科学领域里独树一帜的；其次，解决这个问题没有现成的方法，必须是自己独出心裁设想出来的；最后，体现在所用的方法、用来解决问题的工具上，即实验用的仪器设备等，必须是自己设计、创造，而不是用钱能从什么地方买来的。如果能够做到这些，就可以说我们的科研工作是第一流的。

在大学里，科学研究工作一定要与教学工作密切结合起来。我们现在需要搞好科研，更需要搞好教学。教学与科研两者是相辅相成的。一所大学应该成为以教学为主的教学与科研中心。教书的人必须同时做科研工作，或曾经搞过科研工作。搞科研的人还要教点书，多与青年人接触，这样可以帮助你多思考一些问题。

一位老师把教学工作搞好了，科学研究工作做好了，由于长期的积累，到了一定的时候，就要自己动手写书。可以说，写书是教学和科研工作的总结。写好一本书，特别是写教科书，意义是十分重大的。要写好书，就应该推陈出新，写出自己的风格来，绝不能东抄西摘，剪剪贴贴，拼拼凑凑。写书就好像是蜂酿蜜，蚕吐丝。蜜蜂采的是花蜜，经过自己酿制之后，就变成纯净甘美的蜂蜜。蚕吃的是桑叶，经过自己消化之后，就变成晶莹绵长的蚕丝。采花酿蜜，可说是博采众长，吐丝结茧，真正是"一气呵成"。那么，怎么样才算写出了"自己的风格"？就是要文如其人。除了数字、公式、表格之外，要尽量用自己的话去论述问题。当别人看你写的书时，就好像听见你在说话一样。中青年教师应该大胆写书，朝这个方向去努力。

总之，一个人要有所成就，必须专心致志，刻苦钻研，甚至要有所牺牲。法国小说家莫泊桑说过："一个人以学术许身，便再没有权利同普通人一样的生活法。"

（本文选自《严济慈文选》，上海教育出版社，2000年12月，第255—262页；原载《红旗》杂志1984年第一期）

严济慈 物理学家、教育家。1901年1月23日生于浙江东阳，1996年11月2日逝于北京。1923年毕业于南京高等师范学校，同时获得国立东南大学物理系（现为南京大学物理学院）理学学士学位。同年自费赴法国巴黎大学留学，1925年获数理硕士学位，1927年获法国国家科学博士学位。回国后历任上海大同大学、中国公学、暨南大学和南京国立第四中山大学物理、数学教授，并兼任拟建中的中央研究院理化实业研究所筹备委员。作为中国现代物理学研究开创人之一，在压电晶体学、光谱学、大气物理学、应用光学与光学仪器研制等方面取得许多重要成果，并培养了大量人才。相继任中国科学院办公厅主任、应用物理所所长、东北分院院长、技术科学部主任、中国科学院副院长、中国科学技术大学校长、全国人大常委会副委员长、中国科协副主席及名誉主席、九三学社中央副主席及名誉主席等职。1979年与李政道联合发起并共同建立了中美联合招考赴美物理研究生项目CUSPEA，培养年轻的物理学留学人才。1955年选聘为中国科学院学部委员（院士）。

> 博雅教育中的"博"，是指要有广博的知识，"雅"指做人第一，注重修身。其他三个要素分别为：以学生为中心，以小班课为主的第一课堂，丰富的第二课堂。

博 雅 教 育

杨福家

博雅教育与通识教育

博雅教育，英文叫 Liberal Arts Education，通识教育则是 General Education，两者不同。博雅教育中，除了"博"，也就是要有广博的知识，还有"雅"，指的是做人第一，注重修身。我们从前常把 Liberal Arts College 翻译成文理学院，或者是人文学院，我认为翻译成博雅学院更为妥当。博雅教育除了上述两个要素外，我还总结了其他三个要素：以学生为中心，学校和教师把育人放在一切工作的首位；在以小班课为主的第一课堂上，鼓励学生勇于争论，勇于质疑；丰富的第二课堂，即学生参与社团活动，参加社会实践和参与教师的科研项目。

应该说，我是在 2012 年 4 月份才参观了真正的博雅学院。虽然之前参观过几十次美国的各类大学，像哈佛、耶鲁那种，但在那次参观时，我才真正看到了博雅学院。我们当时访问了威廉姆斯学院、阿

杨福家院士在办公室

姆赫斯特学院和斯沃司莫尔学院,他们是美国排名前三的博雅学院,在美国最权威的大学评估——《美国新闻与世界报道》的大学排名中,威廉姆斯学院排在本科教育的第一位,在那份排名中,哈佛大学大学部排在第八位。

那么,他们是按照怎样的标准排名的?

他们比的是哪所大学最能满足学生的需求,而不是比学校的名气。标准是五项:学生对学校的满意程度、毕业生的成功程度、学生负债情况(国外大学很多学生是靠贷款读书的)、本科生在四年内的毕业率、学生所获的奖项。然后将这些标准予以细化,就成了:学生毕业后在各自领域中的表现、大学学费、学生得到的财务补助和负债情况,以及毕业生对其所受大学教育的评价和对往后人生的帮助等。

威廉姆斯学院的一件事给我留下了非常深的印象。一位学生入学后，其数理能力非常好，物理实验做得非常漂亮，但老师发现他拼命地选法律课程，就问他："你数理方面那么强，难道你要把法律作为你的专业吗？"他说："我来威廉姆斯读书借了很多钱，每年5万美元学费，我只能靠学法律，等毕业后做了律师，才能还债。"结果，校长采取了一项措施，将该学生所交的学费全部还给他，而且此后不需要再交学费，并鼓励他选自己感兴趣的课程。为什么校长能这样做？因为这所学校有一个高达18亿美元的基金会支持学校的运作。类似的基金，当时哈佛有300多亿美元，耶鲁有近200亿美元。如按学生数来算，威廉姆斯的基金不算少了。

在威廉姆斯学院的任何学生，不管是国内学生还是国际学生，只要家庭困难，都可申请助学金。他们有一半的学生获得助学金，平均获得2.5万美元，为学费的一半。很多美国学生在大学毕业后都负债，威廉姆斯是全美高校中学生负债最低的学校之一。威廉姆斯学院的杰出校友中，我们比较熟悉的有新加坡前总理吴作栋和歌手王力宏。王力宏18岁进入威廉姆斯读书，毕业时，中文与音乐是他的两个专业方向。威廉姆斯校长Adam F. Falk为这位歌手校友感到十分自豪，认为他的音乐具有很深的文化内涵，显示出中西文化的精华。

一流大学的标准

看一所大学是不是真正的一流大学，一要看学生在大学毕业之后，是否会感到"这所学校改变了我的一生"；二要看大学是否能给教师足够的空间，让他非常安心地做学问，没有任何压力。

我问过耶鲁大学校长莱文："你们怎么这么有钱？"他的回答是："校友捐的。""校友为什么捐？"就是因为"这所大学改变了他们的一生"。我在宁波诺丁汉大学的头两年，收到的学生来信就超过了我在复旦做6年校长收到的学生来信数量。他们在信中很关键的

沉思中的杨福家院士

一句话就是：学校改变了我们的一生。

至于专业，英国诺丁汉大学专业还是分得很细的，这是英国大学教育与美国大学教育的不同。在美国大学里，我碰到一位哈佛一年级的学生，问："你是什么专业的？"他回答说："我没有专业。"我做复旦大学校长后的第一个暑假，遇到一件麻烦事，一位学生家长来找我说：我的孩子要念的是"国际经济"，你为什么让他念"经济"？在家长看来，"国际"两字极其重要。而英国居然比我们分得还要细，你去看他们的专业，他们会有国际经济 in German、国际经济 in China。我当时就觉得，他们跟博雅教育真是毫不相关呀！后来我才明白，除了专业，他们其他处处都在做博雅教育。英国人认为，学生在中学接受了 7 年的博雅教育就够了，所以一进大学，他们就分了专业。

我在诺丁汉大学主持授予学位仪式已经一百多次了，每次都为在学位证书上念到的琳琅满目的专业名称而惊叹。美国则认为 7 年博雅教育是不够的，于是开始做 6+2+2。6 年中学，加大学前两年不分专业。实际上，大学后面两年也很淡化专业。所以耶鲁大学在本科毕业之后，设置了专业学院（professional school），例如商学院、医学院等 10 所学院，再有研究生院。其实，哈佛等一流研究型大学也是如此。专业学院百花齐放，各显神通，但大学本科就是给你最基础、最广博知识的。我做诺丁汉大学校长时，和执行校长讨论过英国大学的问题。他说，我们不可能改过来了。但后来他把医学院做试点，老的医学院无法动，就新建一所医学院，第一次招生90人，都是大学毕业后才能申请的。没有想到的是，有1500人申请，而且报名者和录取者一半以上都不是念理科的。这在国外是非常普遍的情况，我访问过哈佛大学医学院，他们也是如此，一半以上在本科时主修文学（含艺术）。

大学的重要课堂是小班课

我读大学时，一级教授会给本科生上大课。那时，一级教授得由国家评，非常少见。我本科毕业的时候，研究原子核物理的一级教授卢鹤绂先生给我们上课，后来又带我做本科毕业论文，这让我对原子核物理产生兴趣起到了很重要的作用。后来我当校长，就要求所有的博导、最优秀的教授都去上本科生的课。当然，这是我最初的认识，我这几年正在慢慢认识到，大课不等于最重要的课程，现在的网络课程正在慢慢取代这种大课。过几年，大课也许会慢慢消失掉，而大学的一个重要课堂将是小班课。我年轻时，小班课一般是习题课，由助教来讲。但在英国与宁波的诺丁汉，听了几堂小班课，我才发现，小班课不是我们理解的习题课，小班课上师生互动，相互讨论，没有什么问题不能问，没有什么答案不可以争论。所以，以小班为主的勇于争论的课堂，也是博雅教育的主要内涵之一。

除了在教室授课的第一课堂，让我感触很深的还包括第二课堂。第二课堂包括：多方参加社会实践、社团活动以及科学研究工作。如进耶鲁大学就读，你必须参加过社团，那里是培养领袖的地方。我问耶鲁大学的莱文校长："你为何能培养那么多领袖？"他说："我有250个社团，就有250个小领袖，将来一定能产生大领袖。"老布什、小布什、克林顿以及美国的很多大学校长都毕业于耶鲁，因为它重视大学的课外社团。

还有同样重要的一条：一所大学要以育人为主，教师必须把育人放在第一位，大学教师的主要责任不是发表文章。

关于中小学教育

杨福家院士

中学就开始文理分科是违背教育规律的事情。12岁以下，我认为全部应该实行全科教育，之后就可以进行分流了。不过，这种分流不是文理分科，而是有些人就进中专或者将来的高等职业学校，接受职业教育了。六十多年前，我高中毕业时，职业教育与普通中学具有同样的吸引力，只是偶然的因素，我放弃了已经报名的、非常难进的上海高等机械专科学校，报考了普通高中。但今天，几乎只有"差生"才会去报考职业学校，我们几乎完全忘记了先辈提出的"三百六十行，行行出状元"的忠告。

1997年，我应邀参加全美高校领导会议。在那次大会上，哈佛大学的一位领导就讲：如果所有的大学都是哈佛，这个社会就崩溃了；如果我们培养出的学生都拿诺贝尔奖，这个社会也要崩溃了。要有个完整的概念，我们要让所有的同学都快乐地发挥自己的特长。现在的情况却是把大学分成了一本、二本、三本，这是个极大的错误，很多三本院校的家长脸上都没光。这些都需要改过来。这样的后果，比如在这次经济衰退中，美国大学生的失业率一直居高不下，而同样受世界经济衰退影响深重的德国，失业率却只有 5.4%，是发达国家的第二低。这种低失业率就得益于德国合理的教育结构，是他们有非常发达的职业教育的结果。

杨福家 核物理学家和教育家。1936 年 6 月 11 日生于上海，祖籍浙江宁波。1958 年毕业于复旦大学，留校工作。现任复旦大学教授，宁波诺丁汉大学校长，中央文史研究馆馆员。曾任丹麦哥本哈根尼尔斯·玻尔研究所博士后研究员，复旦大学校长，英国诺丁汉大学校长（成为出任英国著名院校校长的第一位在籍中国人），中国科学院上海原子核研究所所长，上海市科协主席，中国科协副主席等职。曾组建、领导"基于加速器的原子、原子核物理实验室"，完成了一批在国际受到高度重视的工作。给出复杂能级的衰变公式，概括了国内外已知的各种公式，用于放射性厂矿企业，推广至核能级寿命测量；给出图心法测量核寿命的普适公式；领导实验组用 γ 共振吸收法发现了国际上用此法找到的最窄的双重态。在国内开创离子束分析研究领域。在束箔相互作用方面，首次采用双箔（直箔加斜箔）研究斜箔引起的极化转移，提出了用单晶金箔研究沟道效应对极化的影响，确认极化机制。曾获日本、美国、英国、中国港澳地区等多所大学的名誉博士学位。主要著作有：《原子核物理》《原子物理学》，与 J. H. Hamilton 合著的《现代原子与原子核物理》，1996 年由美国 McGraw-Hill 公司出版；还著有多本阐述教育理念和教育思想的著作：《追求卓越》《博学笃志》《中国当代教育家文存——杨福家卷》《走近一流学府——中外教育比较》《从复旦到诺丁汉》《博雅教育》等。1991 年当选中国科学院学部委员（院士），同年还当选第三世界科学院院士。

> 强调"人文"不仅限于知识，更
> 必须化为素养，化为能力，化为精神，
> 见诸思想，见诸行动。

现代大学之基

——大学人文教育之我感与陋见

杨叔子

破 题 释 义

"人文教育，现代大学之基。"这么一讲，肯定会有人断然地认为："这样的提法，未免太过分！"会有人严肃地指出："科学技术是精神文明建设的重要基石，科学技术是第一生产力，知识经济的主要基础是高科技产业，难道科技教育不也是大学的基础吗？"还会有人负责地论证："科技教育与人文教育并重与融合，才是高层次人才培养的模式，才是现代大学的教育与基础。"

我完全赞同这些批评意见，这些意见十分正确。我之所以采用"人文教育，现代大学之基"作为本文的正题，是在当今形势下，非常有必要特别强调人文教育，必须强调把人文教育作为现代大学的基础，强调"人文"不仅限于知识，更必须化为素养，化为能力，化为精神，见诸思想，见诸行动。特别是在中国大陆的教育中，在中国大陆的高等教育中，更需注意，更应如此。否则，狭隘的功利主义横流，长远的战略发展忽视，遗患无穷，后果严重。人无远虑，必有近忧。何况，此虑非远，已迫在眉睫，已在现实之中！我之所以加个"我感"的副题，正是为了表达我真心地尊重那些正确的批评意见；感者，感想与感触也，只表示正题是我个人的感想与感触，而非一定如此，何况，还只是"陋见"而已。

以史为鉴，力务育人之本

"海日生残夜，江春入旧年。"（唐朝诗人王湾：《次北固山下》）无古不成今，鉴古而观今。以史为鉴，是古今中外的一种卓越的思维与成功的经验。

早在春秋战国，《礼记·学记》中就着重指出，"化民成俗，其必由学""建国君民，教学为先"，此即"观乎人文，以化成天下"的"育人"深刻见解。《学记》中对此作了详细论述，最后结论是"此之谓务本"。1806 年，普鲁士王朝军队大败于拿破仑军队，此非普鲁士之兵不高，马不大，举国反省所得的结论是，要改革的是人的"头脑""要以精神力量弥补躯体的损失"，即要育人。于是，受命筹建柏林大学的是大教育家威廉·洪堡，柏林大学特别重视人文学科，开创大学人文教育的传统。今天的美国，从里根、布什到克林顿均以当"教育总统"作为治国的第一策略与最高承诺。克林顿 1997 年就任第二届总统时宣布，今后四年的头等大事，是确保每一位美国人享有世界上最好的教育。这又是育人。

今天，知识经济已见端倪，发展越来越快，知识在经济发展中起着至关重要的作用，而且作用越来越大。试看：1997 年 4 月美国商务部发表的《浮现中的数字经济》（*The Emerging Digital Economy*）报告，充分表明了信息技术对美国经济的巨大影响，高增长、低通胀、高就业，信息产品、高科技产品附加值的突出。不管对知识经济看法如何，反正已是"天涯也有江南信，梅破知春近"（北宋诗人黄庭坚：《虞美人》）。比尔·盖茨现象、美国商务部《浮现中的数字经济》报告以及至今美国经济的持续上升，这正预示着一个新的经济时代已迫近了！

知识经济是基于知识的经济，依赖于知识的生产、传播与应用，这就是说，取决于人才的培养，特别是高级专门人才的培养。百年大计，教育为本，国家兴亡，人才为基。人才来自于教育，而高等教育又是教育的龙头。高等教育既培养高级专门人才，又孕育与产生科技文化成果，更凭借人才优势、学科优势与研究优势，力求将新的研究成果转化成经济优势，力求以自己的力量推动社会的进步。为适应这一形势，大学应发展科技，创造科技成果，形成"学、研、产"相结合的优势力量，努力将科技成果转化成生产力。何况，从教育的社会性这一方面来看，教育也是一种产业，是服务产业。在美国，服务业是最大的产业。在知识经济中，不仅服务业还要增大，而且教育与培训又是服务业中最大的产业，高等教育又在教育中占有龙头的地位。

鉴于上述各点，知识经济的发展，正不可避免地把大学推向社会中心，大学正在逐步成为知识经济的动力源泉。"万变不离其宗"，这一切最终取决于人才。以人为本，"育人"者，务本也。

知识经济，更应呼唤人文教育

从工业经济中，就孕育着并产生着知识经济。知识经济以其强大的生命力见于端倪，步伐虽不快，但正在以不可阻挡的趋势发展与成长。然而，事物总是一分为二，相反相成的。《老子》讲得好："祸兮福之所倚；福兮祸之所伏。"知识经济的主要基础是高科技产业，高科技产业的核心是信息科技、信息产业，而信息科技、信息产业的关键又是计算机科技、网络科技。知识经济、高科技、信息科技、计算机科技、网络科技的发展与应用，是福还是祸，是正面作用大还是负面作用大，我们应趋利避害，认识"五精五荒"：

精于科学，荒于人学。此即只充分看到科技的作用，而没有充分看到掌握与使用科技的人的作用；只重视研究科技及如何使之发挥作用，而没有重视研究使用科技的人及研究如何使其能正确有效地把握科技与发挥科技的作用。荒于人学，就可能导致科技使用的不当，乃至形成极为严重的后果，甚至是巨大的灾难。此类事例，何胜枚举？姑且不谈坏人掌握了科技，就是好人掌握了科技，如用之不当，后果也很严重。试看近 25 年来，世界自然资源损失了三分之一，这是 6500 万年前恐龙灭绝以来，世界资源损失最惨重的时期，环境污染与生态破坏极为严重。这还不值得深思痛改吗？精于科学，完全正确；荒于人学，彻底错误。

精于电脑，荒于人脑。此即精于去开发电脑，精于教学生去掌握与开发电脑，而荒于开发人脑，荒于全面地从而正确地发展学生的思维。电脑的发展极为迅速，何况还有光子电脑、量子电脑、生物电脑等正呼之欲出，这一切的发展前景极为广阔，潜力极为惊人，无疑应高度重视电脑。但是，电脑毕竟不是人脑，电脑在某些方面可以胜于乃至远胜于人脑，然而它绝不可能取代人脑。人有左脑与右脑。左脑主要同抽象思维、逻辑思维有关，与求同思维有关；右脑主要同形象思维、直觉思维有关，与求异思维有关。科学技术工作主要同抽象思维、逻辑思维有关，而文学艺术活动主要同形象思维、直觉思维有关。创新者，求异也，人的创造性思维主要同右脑有关，而电脑却是以严格的逻辑"思维"工作着，在逻辑"思维"这点上，电脑在极大的程度上胜于人脑，精于只以电脑这种逻辑"思维"方式去教育学生，而荒于还必须以人文教育去启迪与培育学生的形象思维与直觉思维，这无疑是十分片面的，乃至是对人的灵性的磨灭，是对人的更大的创新能力的毁灭性打击。有的基础教育，既不重视学生的社会实践，也不重视学生对自然界的认识，既无生动活泼的人文教育，又无应有的自然科学的实验，而只把大量精力投入去做"娃娃主要抓计算机"的工作。有人批评得深刻，这种教育将使孩子成为计算机的附属工具。这样的孩子，这样的青少年，不懂得社会，不懂得自然界，不懂得人同社会、人同自然界的正确关系，行吗？精于电脑，十分正确；荒于人脑，极为错误。

精于网情，荒于人情。此即精于同网络打交道，甚至沉湎于网络，沦为不能自拔的"网虫"，而荒于同人打交道，甚至忘了自己毕竟生活在人的社会中，不懂得应有的基本的人情世故，更不懂得"终极关怀"。计算机科技的进步，网络科技的发展，世界连成一片，地球变成一个"村庄"，随时可以放眼世界。不适应这个形势，不精于网络，不逐步迅速地把教学、研究、工作、生产乃至于生活等置于网络之下，势必成为现代化社会的瞎子、聋子、哑子与跛子，终遭淘汰。然而，只沉湎于网络，轻则荒废学业，贻误工作，扭曲思想与生活，重则钟情于网上的"黄、黑、毒、恶"，参与"黄色"的泛滥、"黑客"的纵横、"病毒"的肆虐，越陷越深，以"恶"为"乐"，成为社会的害虫。网络技术不管怎样发达，"能知天下事""天涯若比邻""形影不离"，但毕竟是虚拟世界，不是人与人的直接真切地交流、了解、相处、共同生活，而只是"形"与"影"，固然是一个实实在在、决非虚幻的"梦"，但"梦"终究是"梦"，希图以网络交流来完全或基本取代人际之间的直接接触，至少未免过于天真，由此带来的陷阱与危害，其后果难以完全预测。精于网情，还应大力加强；荒于人情，则须坚决反对。

精于商品，荒于人品。此即将人际之间的一切关系变成了商品的关系，人与人之间除了赤裸裸的利害关系，除了冷酷无情的"现金交易"，就再也没有任何别的联系了，一切都淹没在利己主义的冰水之中。在知识经济中，知识成为商品，无可非议。为了保护知识这种特殊商品应有的权利，还特地制定了有关知识产权的法律，诸如著作权、出版权、专利权、商标权，等等。何况，在中国大陆，知识产权的保护远远不够，亟待加强。知识成为商品，绝不是说一切知识在任何情况下，都得变成商品，都要花钱购买。知识产权之所以制定，绝不是说一切知识在任何情况下都必须有个人的产权。知识，本来就是人类在共同而长期的协作中创造出来的。离开了社会，离开了集体，离开了历史，离开了继承，谁能创造出来？知识应否成为商品，知识产权应否制定，并不是什么自然规律，而是应以能否促进经济发展、社会进步来确定的。能促进，就是正确的，就是应该支持的；不能促进，甚至促退，就是错误的，就是应该反对的。商品者，逐利也，这个"利"，如利于国家强大、民族繁荣、社会进步，那就是"义"，就是高尚的人品；反之，就"不义"，就是卑鄙的人品。这就是"利"与"义"的统一，商品与人品的统一。我们赞成的是个人利益与集体利益的统一，局部利益与全局利益的统一。我们坚决反对的，是把"利"与"义"的割裂，把"商品"与"人品"的对立。为了一己之私，损害国家利益、集体利益与他人利益，将知识乃至将共同劳动获得的，或者他人的成果，不择手段，攫为己有，肆意侵犯知识产权，以谋求只是个人的发财致富，试问：人品何在？人格何在？精于商品，无可厚非；荒于人品，不能容忍。

精于权力，荒于道力。此即有高科技，有经济实力，有市场经济优势，就可以通过商品的"利"化为各种的"权"，就拥有"权"，特别是政治的"权"，从而可进一步谋取"暴利"与"强权"，置"自由、平等、博爱"与"仁、义、道、德"乃至人际之间最基本的道德关系于不顾。更有甚者，这可发展为国家之间，强者通过高科技、计算机、网络，或通过厚"利"，对知识进行控制，对财富进行掠夺，制造弱国的政治与社会的不安与分裂，湮灭弱国的文化与传统。国家之间，市场之上，许多以"权"进行不当的非道义的活动，这难道还少吗？一个国家、一个地区、一家企业，发展科技，发展经济，发展实力，当然也是为了维护自己的正当权力，这无可非议；荒于道力，则绝不能容忍。

面对科技的高度发展与知识经济的出现，"五个精于"是正确的。"五个荒于"是错误的。"五个精于"与"五个荒于"是冲突的。正如"数字化时代的女先知"约瑟·戴森所指出，数字化信息化时代带来了一系列冲突。我认为她所列举的冲突中，最大的冲突是"个人的强大权力"与"个人对权力的社会责任"的冲突，是"精于权力"与"荒于道力"的冲突，冲突的主要方面是"个人对此权力的社会责任"，是"荒于道力"。"五个荒于"的严重后果是荒于个人的社会责任，其根本在于"荒于人学""荒于人文"。正因为如此，中外许多著名的教育家与著名大学的领导人均在呼唤，现代大学须高度重视的第一件事，应是学生的人文教育、人文精神，这是具有战略眼光的教育思想，这首先是为了解决高级专门人才应具有的社会责任感这一极为严肃的问题。

大陆教育时弊，根于轻视素养

"知己知彼，百战不殆。"知彼，知道知识经济已见端倪，知道知识创新与人才培养至关重要，知道高级专门人才的人文教育与社会责任感事关重大；知己，知道教育的时弊，知道高等教育的误区，知道高级专门人才培养中问题之所在。这样，才能把教育事业正确、迅速、踏踏实实地推向前进。

1997 年 4 月 15 日我在一次大型的教学研讨会上发了言。在发言中，我认为中国大陆的大学教育近十几年来发展很好，但是在大学，特别是理工科大学，教育还存在时弊与误区，可归纳为"五重五轻"：重理工，轻人文；重专业，轻基础；重书本，轻实践；重共性，轻个性；重功利，轻素养。"五重"完全正确，"五轻"极为错误。"五轻"的根子在于轻素养，主要是轻人文素养，轻视了教育要教化人与塑造人这一"在明明德"的本体性功能，而过于追求功利主义这一社会性功能，即陷教育于急功近利的狭隘的功利主义囹圄之中，"立竿见影"，最为典型。概而言之，重教学生做事，轻教学生做人。结果呢？物极必反，不但不能很好实现教化人与塑造人这一本体性功能，就连实现功利主义这一社会性功能也受到严重的阻碍。因为事是由人去做的，人没有做好，事怎么能做好？

事没做好，原因有四：一是事的确做不好；二是事做得没创造性，很平庸；三是事做得有创造性，可是损公肥私；四是事做得有创造性，可惜心中无祖国，梦里无华夏，一心一意损中肥洋，专宰中国。

杨叔子院士在演讲

应特别声明,我十分感激那些身在海外,魂绕故土,尽心尽力为中国强大、民族繁荣、人类进步而不断作出贡献的炎黄子孙。

正因为如此,这次发言的题目是用《老子》上的一句话:"不失其所者久"。这是指学校工作的最根本的一点是培养人、塑造人,是"育人",这是学校一切工作的中心,是学校进行一切工作的依据,是办学的方向与目的。只有不迷失"育人"这一方向与目的,学校才能办好,长久发展。副标题用了两句话,一句是《论语》上的"君子务本";一句是《诗经》上的"其命维新"。"君子务本"是指我们培养的人才最根本的是要能爱中国,要有中华魂,有民族根;"其命维新"是指我们培养的人才要会创新,要有创新意识,有创新能力。现在知识经济已见端倪,国际竞争更为激烈,特别是对优秀的高级专门人才的争夺极为剧烈,因此,我更加认为,人才的素养,关键就要能表现为:一是能爱国,一是会创新。

中国大陆有人批评:"我们中小学针对应试教育进行素养教育,而大学没有应试教育问题,大学是专门教育,为什么要进行素养教育?"我们讲:我们是针对大陆教育中狭隘的功利主义而提出素养教育的,应试教育只不过是狭隘的功利主义在中小学教育中的表现而已。至于专门教育,它同素养教育不是同一范畴中的概念,加强素养教育也是为了更好地实现专门教育。素养教育是一种教育观念,而非一种教育模式。加强素养教育,众所周知,就要改革教育体系、内容与方法,增删有关知识,引导学生善于思考,加强学生实践训练,贯彻因材施教原则,这势必将学生的思想境界陶冶与升华得更为崇高与纯净,将学生的知识结构扩展得更为宽广与合理,将学生的思维方式训练得更为活跃与完善,将学生的健康个性培养得更为突出与茁壮,这无疑是有利于杰出专门人才的成长。正如恰当地将画底处理得更为洁白,方能实现更好的图画创作,即"绘事后素"(描绘后还要彰显本色之美）。

有人讲："中小学完成素养教育就可以了，何必还要在大学继续进行素养教育？"九层之台，起于垒土。台之高层建于低层之上。无低层，就无高层；有低层，却不一定有高层。我们讲"教育有层次，素养也有层次"。欲穷千里目，就得再上一层楼了。学历史，小学讲故事，中学讲史实，大学讲史论，研究生阶段可就重大历史问题展开研究与发展专论，收获显然符合各自的实际，层次却是各异。一部《红楼梦》，我在小学看，去看谜语；在中学看，是看故事；在大学看，懂得了些悲欢离合；工作后看，体会到人情世故；大陆改革开放时看，钦佩凤姐操办宁国府秦可卿的丧事，有条不紊，探春因凤姐生病代管荣国府大观园，兴利除弊，是地道发挥了个人积极性，实现"承包制"。到我当了校长后，特别喜欢看第22回，欣赏宝钗、黛玉给宝玉讲的禅宗五祖传授衣钵的故事，深深感到慧能之所以能领悟佛教真谛之所在，长期艰苦的实践磨炼与潜心的思考探索这两者的紧密结合，认知过程与非认知过程这两者的紧密结合，这对良好的素养的形成至关重要。高层次人才应有高层次的素养要求。要达到这种要求，没有知识的大量累积与融会，没有实践的长期磨炼与启迪，没有思维方式的不断改进与完善，是绝不可能的。古今中外，谁能例外？"玉不琢，不成器；人不学，不知道。"大器之琢成，大道之学就，绝非一朝一夕之功，更非低层次所能及。

我经常告诉大学生："你们到大学来干什么？干三件事：第一，学会如何做人；第二，学会如何思维；第三，学会掌握必要的高层次的知识与运用知识的能力。这三者不可分割，彼此紧密联系，相互支持。然而，学会如何做人是根本，学会如何思维是关键，而学会掌握所需的知识与运用知识的能力是必不可少的。"显然，这里主要讲的也是素养问题，是在高层次知识基础上的高素养问题。

现代教育，根本在于素养

1998 年 10 月联合国教科文组织在巴黎召开了"第一次世界高等教育大会"。大会制定的宣言上明确指出，高等教育的首要任务是培养高素养的毕业生与负责任的公民。这是十分正确的、符合实际的、富有远见的。

中国大陆在高等教育中，提出要解决好"知识、能力、素养"三者的结构关系问题，无疑十分正确，十分必要。这同上述的宣言的精神一致。没有知识，就没有形成良好素养的基础，当然也不会有强大的能力。素养，除了先天因素以外，主要是由后天因素决定的。这是讲，人从呱呱坠地后，不断接受外界的信息、知识，不断实践，不断经由脑细胞活动而思考，不断通过实践使神经细胞受到训练与感受体验，不断使先天因素得到相应的发展乃至某种改造，从而不断使这些信息、知识、实践经验与体悟升华与内化为人的内在稳定的品质，主要是稳定的神经细胞及其相关系统的特有结构。品质、能力等这些可见可感的行为与反映，只是有关素养的外露与表现而已。从某种角度也可以说，按照控制论的观点，在某种外界条件作用下，品德、能力等只不过是人这个系统的固有特性（素养）对外界作用的响应而已。

正因为素养是以知识、以实践为基础的，是知识和实践经验与体悟的升华与内化，是长期起作用的内在的稳定因素，所以，不仅要重视而且必须重视德、智、体、美等方面的知识传授这一层面，而且更应重视不断的实践，重视如何将这一层面上的知识、实践经验与体悟升华与内化为内在的稳定的品性，即素养。这样，才抓住了根本。用数学的语言讲，知识是良好素养的"必要条件"而非"充要条件"。是必要条件，没有知识，就会愚昧、无知、野蛮，就没有良好的素养。

是非充要条件，有了知识，也不一定有良好的素养。显然，一旦没有良好的素养，知识越多，知识层次越高，就可能成为"高级书呆子"，或者可能成为"高级杀手"。孔子讲："质胜文则野，文胜质则史；文质彬彬，然后君子。"对此赋予新的含义，文为知识，质为素养，彬彬者结合得当也。

孔子这段话是十分辩证的，值得深思。那么，如何将知识升华与内化为良好的素养呢？或者讲，如何能有良好的素养呢？中国有着优秀的教育传统，已较好地解决了这一问题。例如《中庸》上讲："博学之，审问之，慎思之，明辨之，笃行之。"这几句话，成为白鹿洞书院的教育传统，成为孙中山先生送给中山大学的校训。又如，岳麓书院的教育传统就更进了一步："博于问学，明于睿思，笃于务实，志于成人。"此即学习要渊博，思考要深入，实践要尽力，只有边学习、边思考、边实践，三者紧密结合，相互渗透，不畏艰辛，持之以恒，才可能形成良好的素养，成为有用的人才。显然，学习是基础，思考是关键，实践是根本。无学习，就不能获得知识；无思考，就不能消化知识、掌握知识、超越知识、开拓知识；而无实践，就不能检验思考成果、内化思考成果、体现思考成果，就不能寻觅人生真谛、探索自然奥秘、打开未知之窗，就不能经受足够的非认知过程以形成实实在在的可自然而然表现出来的品德与能力。"躬行为启化之源""踏平坎坷成大道"的实践是人才成长的保证。孟子关于"天将降大任于斯人也，必先苦其心志，劳其筋骨，饿其体肤，空乏其身，行拂乱其所为，所以动心忍性，曾益其所不能"的这段精辟论述，正是讲明这一道理。

"因材施教"是非常正确的教育思想。人的先天因素不同，人的后天经历各异，从而人的素养千差万别，人的个性多姿多彩。全面发展主要指德、智、体、美等方面的发展，而不指在这些方面的各个侧面都要有很好的发展。例如，在智育方面各门功课都得满分，在

杨叔子院士认为：现代大学，基于人文教育

体育方面各项指标都夺第一，如此等等。一般讲来，这怎么可能呢？这往往逼迫学生去平均发展，而非全面发展。平均发展的结果，往往戕害了有"偏才"的天才，往往将有某方面特长的人才扼杀，而且几乎不可避免地将个性摧残，造就出平庸之辈。在这里，特别应指出，急功近利的狭隘功利主义，为了追求目前利益，忘了长远发展，恰恰容易导致学生不能按自己的个性去选择专业，去端正方向，去发展自己真正的特长，从而桎梏住自己个性健康的发展。古今中外，凡有大成就者，莫不有其个性，莫不是其个性得到充分发挥，反面人物也如此。这一情况，可以说，古今中外毫无例外！每当谈到这一突出的人物，不仅谈到他突出的功过，而且也会谈到他为人的特点，即其突出的个性。加强素养教育，也正是为了发现学生的个性，引导学生的个性得到健康而主动的发展。如柳宗元在《种树郭橐驼传》中所讲："顺木之天，以致其性"，以利于人才的茁壮成长，塑造一代新人。

现代大学，基于人文教育

我这里强调，现代大学基于人文教育上，人文教育是现代大学之基础，绝不是讲科技教育不重要，或者科技教育不是现代大学的基础。这里是"强调"，本文一开始就说明了这点。

　　文化素养是一切素养的基础，是基础的素养，没有良好的文化素养，就很难谈得上有良好的其他素养。正因为如此，针对中国大陆大学的实际，有关部门提出加强大学生的文化素养教育，这是十分正确的、非常及时的。中国大陆大学生的文化素养教育的实践证明了这一点，并将继续证明这一点。

　　文化素养的核心是人文素养，人文素养就是做人的素养，人为本，人的素养则为本中之本；正是从这个角度考虑，所以讲人文教育是一所成功的现代大学的基础。应该进一步指出，人文素养的关键是人的感情或情感。中国传统教育知、情、意中，"知"主要涉及智育，"意"主要涉及德育，"情'则主要涉及感情或情感，涉及情操。什么是正确？什么是错误？什么是光荣？什么是耻辱？什么是高尚？什么是卑鄙？什么是真理？什么是谬误？什么是善？什么是恶？什么是美？什么是丑？什么应该做？什么不该做？这无不涉及感情或情感，无不涉及情之所喜所爱，情之所恶所恨。圣人调情，能自觉调节感情，自律情操，随心所欲，不逾矩；君子制情，能主动控制感情，慎独慎终，保持高尚情操，坚守气节；小人纵情，只会放纵感情，无所规矩，特别是听凭不健康感情的泛滥，以适我欲者为快。人是有思想感情的动物。动于衷，形于外。动，动情也；形，表现也，行动也。对国家、民族感情如何？对长辈、父母感情如何？对朋友、事业感情如何？对配偶、家庭感情如何？对一切有关人、事、物的感情如何？"人非草木，孰能无情？"是善情？是无情？是恶情？喜怒哀乐为谁，为什么？"人生自是有情痴"，痴在何处？痴的后果如何？不能不深思！

　　居庙堂之高则忧其民，处江湖之远则忧其君。是进亦忧，退亦忧。然则何时而乐耶？其必曰"先天下之忧而忧，后天下之乐而乐"乎。噫！微斯人，吾谁与归？

忧、乐，感情也！为了什么？为了国家！为了民族！未尽到责任，对国家、民族是不忠；对长辈、父母是不孝；对朋友、事业是不义；对配偶是不节，如此等等。中国一贯有负责任的传统。当然，对忠孝节义应该赋予时代内容，但其精神是永恒的。"天下兴亡，匹夫有责。"这是我国一贯崇尚"以天下为己任"的美德。职业道德、社会公德、家庭美德，如此等等，一言以蔽之，这些德，就是责任感；对人的"终极关怀""己所不欲，勿施于人""己欲立而立人，己欲达而达人"，这就是肩负应有责任的崇高的人类感情。人之所以为人，不仅人有思想，而且人有一个有组织的社会，每个人在作为人的思想的支配下，自觉地对社会负责任。对社会不负责任，就是败类，甚至比禽兽不如。负责任，对社会负责，是核心素养。

"人生自古谁无死，留取丹心照汗青。"丹心照汗青，对得起历史，这是责任所在。为此而死，重于泰山，人生就是如此面向死亡，走向死亡。显然，责任感的实质就是人生价值的取向。只有尽到应尽的责任，生活方充裕，生命才充实，人生才富有价值。生，才生得光荣；死，才死得伟大。匈牙利爱国诗人裴多菲写得好，"生命诚可贵"，人生价值的个人取向；"爱情价更高"，人生价值的家庭取向；"若为自由故，二者皆可抛"，人生价值的国家、民族取向。人生最宝贵的是生命，生命属于一个人只有一次而已，这是人生价值的个人取向。那么，当为了人类的进步、国家的富强、民族的繁荣、人民的幸福，而面对死亡，他没有虚度年华因而无悔恨，没有碌碌无为因而无惭羞，从而感到人生的充裕、生命的伟大。我们教育学生要有这种崇高的人生价值取向，弘扬崇高的人文精神。一个国家、一个民族，没有现代科学，没有先进技术，一打就垮；同时，一个国家、一个民族，没有优秀传统，没有人文精神，不打自垮。

要强调指出，重视责任感是素养教育的要害。高等教育的首要任务是培养高素养的毕业生与负责任的公民。作为毕业生的高素养，一旦毕业生走入社会，作为一个公民，就应表现为负责任，有责任感。在科学技术高度发达与迅速发展的今天，更应如此。责任感的感情化，就是什么样的感情；责任感的理性化，就是什么样的人生价值取向。

正因为知识是素养的重要基础，文化素养是一切素养的基础，所以，我十分赞成把文化素养教育内容大致界定为：文、史、哲；艺术；中外文化的现代精品；再加上自然科学的基本知识（主要是对文科类的学生而言）。与此同时，认真地把加强文化素养教育作为教育教学改革中的重要组成部分，列入教学计划，既有其独立的教育教学内容，又紧密地同其他教育教学环节相结合，课内课外活动相结合，校内校外实践相结合，校园人文环境建设与自然环境建设相结合，教化、养成、熏陶相结合，软件建设与硬件建设相结合。在这些方面，中国大陆不少大学有着许多很好的做法与经验，可资借鉴。

还应着重指出，文化素养教育主要应当继承与弘扬人文精神，陶冶人的纯净感情，树立人的崇高责任感，解决人生价值的取向问题，文化素养教育十分有利于活跃与完善思维方式，提高思维水平。逻辑思维，保证思维的条理性；数学思维，保证思维的精确性；实证思维，保证思维的可靠性；而在这些思维之上的直觉思维、形象思维，则用以保证思维的创造性。正如前述，直觉思维、形象思维同人文教育的启迪有关，即主要同人的右脑的开发关系至为密切，且对知识经济、创新意识极为重要。重视启迪创新意识的直觉思维、形象思维，着力开发人的右脑，不言而喻，也就至关重要。爱因斯坦的成就、经历与他自己的体验，充分证明了他的一个论述：知识是有限的，而艺术开拓的想象力是无限的。

在这里，要强调的是，艺术、文学、美育在陶冶情操、升华人格

杨叔子院士

方面，在活跃思维、完善思维方面，有着十分重大的作用。我国春秋战国，"六艺"之教，音乐就占了十分重要的地位。"美"与"情"是紧密联系在一起的，即"美"的正反两方面与"情"的正反两方面是紧密联系在一起的。试看，"情人眼里出西施"，"情人"讲的是"情"，"西施"讲的是"美"；"女为悦己者容"，"悦己"讲的是"情"，"容"讲的是"美"。

"气蒸云梦泽，波撼岳阳城""吴楚东南坼，乾坤日夜浮"，既写了浪漫主义之景之情，又写了气势磅礴之美。文艺作品中，情景交融，美盈溢其中。文化素养、人文素养之所以成为其他素养的基础，就是由于人文教育包含了艺术、文学等含有美育的教育，而这可以形成人的美好感情或情感。美就是因时因地因事因人的客观与主观的统一。没有美的熏陶，没有艺术、文学等的感染，没有丰富、高尚、美好并油然而生的感情的浸润，其他素养就难以具有极为生动的内涵与无比坚实的基础。荀子讲，导之以情，这抓住了基础之点。越是高级的专门人才，就越需要有高尚的"情"，倾心于高尚的"美"，内心充满了高尚的"情"，行为就体现着高尚的"美"；推而广之，就可去达到"君子成人之美，不成人之恶"这一高尚境界。

当然，人脑是整体的。左脑思维与右脑思维不仅是不可分割的，而且是紧密联系的、彼此渗透的、相互支持的、不同而和的。一位伟大的文学家、艺术家的思维，除了形象思维、直觉思维，也一定运用了抽象思维、逻辑思维；而一位伟大的科学家、技术专家的思维，除了抽象思维、逻辑思维外，也一定运用了形象思维、直觉思维。因为他们在创作中，既要求异，求创新，又要求同，求继承；更何况，伟大的科学精神，忘我地探索客观未知的精神，恰恰是在求真方面人文精神的壮丽体现；而伟大的人文精神，无私地追求人类进步与幸福的求善精神，也始终是鼓舞人们去探索客观未知的强大动力。求真、求善的统一与协调，无疑就成为求美求新的精华所在了！我们所追求的就是，求真、务善、完美、创新的交融与统一。

立足华夏，面向世界，面向未来

人文教育，现代大学之基。一所现代化的大学，必须具有一种很高的文化品位，构筑一种富有活力的高尚的文化环境，形成一种朝气蓬勃的浓厚的学术氛围，充满着求真的科学精神与求善的人文精神，教育人、启迪人、感染人、熏陶人、引导人，充满着对人的终极关怀，以充分调动人的主体的自觉性与积极性，滋育优秀人才的成长。所谓很高的文化品位，首先是要有自由争鸣的学术氛围，百家争鸣，知己知彼，将心比心，方能比较，方能鉴别，方现真理，才有发展。可以说，没有学术争鸣，大学就失去了生命力，人才成长就失去了沃土。

其次是要有和谐的氛围。争鸣者，在学术的探讨也。和谐者，在人际关系上的平等也。文人应相亲密，而不应相轻蔑，相亲才能平等协调、切磋琢磨；相轻则会相互排斥，乃至打击。"和谐"是系统论的要义，元素间和谐配置，动作才协调、不同而和，系统才强大有力。反之，你斗我，我斗你，非为学术，而为个人，恶莫大焉！百家争鸣，学术自由，学术争鸣，就隐含了"学术责任"，对学术负责，对真理负责，对社会负责，为善而不为恶。

再次，是要有强烈的时代性。孔子之所以伟大，"圣之时者也"。历史在向前发展，人、事、物都不断赋予新的内涵，"日日新，又日新"，绝对不会倒退。我们的学术、学术争鸣、和谐相处，应具有时代特色，应具有今天的中华民族特点。"古为今用"，自古皆然，问题只是自觉程度不同而已。这就是说，教育要立足华夏，面向现代化，面向世界，面向未来。这是时代的要求，也是历史的必然。

杨叔子 机械工程专家、教育家。1933年9月5日生于江西九江湖口。1956年毕业于华中工学院。现任中国科学院技术科学部副主任，华中科技大学学术委员会主任，湖北省文化产业商会首届顾问委员会成员。原华中理工大学（现华中科技大学）校长，教育部高等学校文化素质教育指导委员会主任，中国高等教育学会副会长，中国机械工业教育协会副会长，教育部高等学校机械学科教学指导委员会主任，中华诗词学会名誉会长，湖北省人民政府咨询委员会主任委员，湖北省科协副主席，湖北省高级专家协会会长。长期从事于机械工程领域研究与教学，把机械工程同控制论、信息论、系统论紧密结合，致力于同微电子技术、计算机技术、信息技术、网络技术等新兴技术领域交叉的研究，特别是在先进制造技术、设备诊断、信号处理、无损检测新技术、人工智能与神经网络的应用等方面取得一系列成果。曾获国家自然科学奖、国家发明奖、省部级科技奖20余项，专利5项。在国内外发表学术论文800余篇，出版专著教材14种，获国家级、省部级教学、图书重要奖励13项。指导的研究生中，已有百余人获博士学位。1991年当选中国科学院学部委员（院士）。

中国传统的学习方法是"透彻法"。透彻懂得很重要，但对不能透彻了解的东西往往就会抗拒，这不好。"渗透法"学习的好处，一是可以吸收更多知识；二是能对整个动态，有所掌握，不是在小缝里一点一点地学习。

我的治学之道

杨振宁

今天，很高兴与大家谈谈我个人学习上的一些历史及经验。

我是在安徽合肥出生的。1929 年我 7 岁时，全家搬到北京清华园，在那里前后住了 8 年。小学是在清华教职员子弟学校念的，成绩还可以，但没有特别好。1933 年，我小学毕业，进了北平崇德中学。当时，有一件事情对我是很重要的。我父亲是教数学的，他发现我在数学方面有一些天赋。1934 年夏天，父亲决定请一个人来给我补习，但他不是来补习我的数学，而是给我讲习《孟子》；第二年，我又念了半个夏天，我可以把《孟子》从头到尾地背诵出来了。现在想起，这是我父亲做的一件非常重要的事情。父亲发现自己的孩子在某一方面有才能时，最容易发生的事情，是极力地把孩子朝这个方向推，但我的父亲当时没有那样做，他要我补的倒是《孟子》，使我学到了许多历史知识，是教科书上没有的，这对我有很大的意义。

崇德中学对我比较有影响的是图书馆里的书籍。譬如，当时有一本杂志叫《中学生》，每个月厚厚一本，我每期都看。从文学、历史、社会到自然科学，都有一些文章。我记得特别清楚的是有一篇文章讲"排列与组合"。我就是在这本杂志上第一次接触到"排列与组合"这个概念的。另外，那时是 20 世纪 30 年代，1900 年至 1930 年是 20 世纪物理学发生革命性变革的时期，产生了量子力学，这是人类历史上最高的智慧革命之一。今天我们看到的半导体、计算机、激光，如没有量子力学，就不可能产生。当时，有一些物理学家写了一

杨振宁院士在演讲

些科普书，国内有人翻译成中文，我从图书馆里借来，这些书给了我很大的营养，尽管有些内容不能完全理解，但对我很有帮助。我对其中所描述的科学上新的发展、许多奇妙的几乎不可置信的知识，产生了向往的感觉，这对于我以后学物理，是有帮助的。

抗战爆发后，我们全家到了昆明，我考入了西南联大。这是一所非常好的学府，尽管条件很差，铁皮或茅草房子，但师生士气很高。在那里的六年，是我一生做研究工作奠定基础的六年。那时，学习气

氛非常浓厚，物理系举办了一系列讲座，其中有一个关于麦克斯韦方程的讲座。麦克斯韦写了一个著名的方程式，这是19世纪物理学的最高峰。到了20世纪，这个方程式已为大家所了解。今天的无线电、电话……凡与电、磁有关的，都基于麦克斯韦方程式。当时我刚上大学一年级，还不可能完全理解这个方程式的重要性，但听了这些演讲，吸收到当时的那种空气，还是很有好处的。另一个讲座，对我更有直接影响的，是王竹溪教授讲的"相变"。过了十几年，20世纪50年代我做博士后时，我因为当时听过"相变"的演讲，一直有兴趣，就环绕着相变做了一些自己的工作，成绩还是相当好的。我讲这一些的意思，是要大家知道：做学问，许多事情要慢慢的来。你当时对有些事情听了没有完全懂，不要紧，慢慢地，它对你的整个价值观会产生影响。

我接触过许多学生，他们都很聪明，但后来的兴趣、发展方向、成就很不一样，这里很重要的是价值观起了作用。我父亲在我小学四年级时，就教过我等差级数，我一直记着。后来，我对自己的三个孩子，也都教过等差级数，但过了一年，他们都忘了。这里，很重要的一点是，孩子若对某一方面特别注意，能激起兴趣，觉得学起来特别妙，能在脑子里生根，他或许就能在这个方向上发展。

对年轻人的将来有决定性影响的，还有一个就是选择研究方向。我在美国，看到过几千位博士生，念书时都很好，但过了20年，他们的成就相差悬殊，有的很成功，有的则默默无闻。这不在于他们的天分、学历，在于有的路越走越窄，有的越走越宽。如果他选择的方向5至10年后大有发展，他就能有所成就，如果他所选择的方向是强弩之末，就不能发展。那么，怎么才能看清方向呢？具体的很难说，关键是要把握住整个趋势，不要只是一头钻进去，眼光太短浅。

中国现在的教学方法，同我在西南联大时仍是一样的，要求学生样样学，而且教得很多、很细，是一种"填鸭式"的学习方法。这

杨振宁院士

种方法教出来的学生到美国去，考试时一比较，马上能让美国学生输得一塌糊涂。但是，这种教学方法也有最大的弊病，在于它把一位年轻人维持在小孩子的状态，老师要他怎么学，他就怎么学。他不能对整个物理学，有更高超的看法。我到北大、清华去，他们告诉我，物理课本有四大厚本，学生喘不过气来。一位喘不过气的学生，今后不可能做得很好。他必须是一名活生生的学生，将来才行。

整个东亚的教育哲学太使一个人受拘束了。那么，怎么弥补呢？譬如物理学，美国有一本杂志，开头5页是报道各方面的最新动态，我就建议中国留学生每期都去看看，即使不懂，也要看看。这种学习方法，我称它为"渗透法"。中国传统的学习方法是"透彻法"。能透彻懂得很重要，但对不能透彻了解的东西往往就会抗拒，这不好。"渗透法"学习的好处，一是可以吸收更多知识；二是能对整个动态，有所掌握，不是在小缝里一点一点地学习。

对每一位做学问的人，除了学习知识外，还要有"taste"。这个词不太好译，有人把它译成"品鉴""尝试"或"喜爱"。一个人要有大的成就，就要有相当清楚的taste。就像搞文学一样，每位诗人都有自己的风格，各位科学家也有自己的风格。我在西南联大六年，对我一生最重要的影响，是我对整个物理学的判断，已有我的taste。

后来到美国，我在芝加哥大学当研究生，那里有世界上最好的物理系。我在中国学习的研究方法是"演绎法"，从牛顿三大定律，热力学第一、第二定律出发，然后推演出一些结果。我发现，这完全不是费米、泰勒等的研究方法，他们是从实际试验的结果中归纳出原理，是"归纳法"。我很幸运，这两种研究方法的好处都吸收了。这对我的研究工作，有很大影响。

21世纪的中国，科学技术继续要有很大的发展。这里，除了研究工作外，很重要的是把科学技术介绍给年轻人以及大众。这需要教育，也需要普及科学技术。科普是相当复杂的事情。因为一名做传播媒介的人，不可能完全专业于一门学科，但他又必须了解各门学科。我不知道，中国的大学有没有特别设立专门训练报道科技知识的新闻记者的专业，如果没有的话，应该尽快设立起来。

（本文为作者1995年7月15日向上海交通大学学生所作的演讲）

杨振宁 物理学家。1922年10月1日生于安徽合肥。中学还没毕业的16岁那年就考入了西南联大。1942年毕业于西南联大，旋即进入清华大学的研究院。两年后，以优异成绩获得了硕士学位，并考上了公费留美生，于1945年赴美国进入芝加哥大学，1948年获博士学位。1949年起任美国普林斯顿高等研究院研究员、教授；1966年起任美国纽约州立大学石溪分校理论物理研究所教授、所长。自1986年起，出任香港中文大学博文讲座教授；1997年出任清华大学高等研究中心荣誉主任；1999年自石溪分校荣休，同年出任清华大学教授。并曾先后获得中国科学院、美国国家科学院、英国皇家学会、俄罗斯科学院、台湾"中央研究院"、教廷宗座科学院（罗马教皇学院）以及多个欧洲和拉丁美洲科学院的院士荣衔，以及多所大学的荣誉博士学位及特聘教授。因与李政道共同提出弱相互作用下宇称不守恒理论，1957年他俩共获诺贝尔物理学奖。1986年获美国国家科学奖，1993年获芮恩福得奖和富兰克林奖，1994年获鲍尔奖。1994年当选中国科学院外籍院士。

> 我常有负债的情感，总希望能在他们在世时报答万一。可是时不我待，我的双亲、兄长和绝大部分启蒙老师都已辞世，想报答已无时日了。每想到这里，追悔莫及，悲不能已，只有默默鞭策自励，一生都不要辜负他们的辛劳。

和泪而书的敬怀篇

曾庆存

我永远怀念我的双亲、兄长和启蒙老师们，没有他们的抚养、栽培和教育，我是不可能成才的。对于他们，我常有负债的情感，总希望能在他们在世时报答万一。可是时不我待，我的双亲、兄长和绝大部分启蒙老师都已辞世，想报答已无时日了。每想到这里，追悔莫及，悲不能已，只有默默鞭策自励，一生都不要辜负他们的辛劳。

我的父亲曾明耀、母亲曾杨氏，是憨厚朴实的农民。我小时候家贫如洗，拍壁无尘。双亲率领我们这些孩子力耕垅亩，只能过着朝望晚米的生活。深夜劳动归来，皓月当空，在门前摆开小桌，一家人喝着月照有影的稀粥——这就是美好的晚餐了。然而双亲不怨天，不尤人。父亲只读过点私塾，母亲还是文盲，他们算不上知书之辈，却是达礼之人。虽然家徒四壁，然而慷慨大方、道礼乐济。每遇村里婚丧，父亲总要格外奔波数日，尽量礼厚一点前往庆吊。屋园果熟，从不摘挑上市，一任村中男女老少采食。碰到小孩急从树上爬下时，父亲也着急起来，连忙柔声语道："随便吃吧，不要慌！莫跌下来，要不爷娘要难过的。"凡种得特别好的稻谷和蔬菜，父亲总要选来育种，并把种子分送乡亲们，盼来年都能有好收成。面对父亲种种憨痴，母亲从无半点愠容。父母躬身力行，潜移默化，就这样在我们儿女辈的幼小心灵中深深铭刻着为人的道德规范。需要说明的是，上面诸如"拍壁无尘""朝望晚米""月照有影"等词语，绝非我现在的杜撰，而是儿时由父亲把乡间民语提炼而成，并由我在小学时写进日记中的。

记得父母亲和诸叔婶分家那年，父亲愁上加愁，好不容易从外面借到一石谷作为全家尤其是抚育我们这群嗷嗷待哺的孩子们的全部安家费，可是我哥哥曾庆丰已届入学年龄，于是双亲毫不迟疑，想尽办法送哥哥和我上小学。其实，我那时还太小，只是双亲日夜在田间劳动，无暇照顾，也只好让我哥充当起学生兼"阿姨"的角色，带着我上学堂——就这样我以非正规的方式进入了学生时代。父亲也和我们一起在读小学课本，只不过是业余的，他是多么向往着读书而又无计求学的呀！我们放学回来，先到田间与双亲、姐姐们一起劳动，待到太阳西坠，或至夜黑满天星斗之际，或是朗月当空之时，才收工回家。晚餐毕，我们早已困倦不堪，双亲却精神抖擞。母亲操作家务和准备明天的劳动；父亲手执火把，与我们一起温习功课，督促我们做作业，这对他来说，应该说是在上自修夜校。看到我们的语文作业或造句不满意，会提出他的见解，点醒我们；在做算术题时，他则操作算盘核对。有时我困得不由自主，下巴突扣桌面，他就在我的头顶上给几个"菱角"（"菱角"是乡下语，即手指屈曲敲击头颅时发出像掰菱角那样的清脆响声），无奈的痛楚又让我回复到清醒状态。就这样，我们上交的作业是一笔不苟、一题不错，而且在小学程度的学堂生的文句中还带着点贫苦老农的思虑。对于我们这对打着赤脚、衣衫褴褛而又循规蹈矩用功学习的学生，老师颇为疑惑，于是他（她）们不顾自己的体面身份，突破当时界限分明的成规，亲自到穷乡家访。当了解到真情之后，惊讶、感动、同情，随之而来的就是给我们以关心和帮助，师生间的感情已像水乳交融在一起了。期末，老师对我哥哥的书面评语是："老成练达，刻苦耐劳。"对我的评语是："天资聪颖，少年老成。"虽是过誉，不过大概也是老师真实情感的流露，多少能客观地反映我们当时的某种情状吧！"老成""老成"，那时我们还只是小学三年级的学生呢！后来，我父亲还得到了别的某种恩遇：可以几乎无偿地到学校里挑肥——这对农夫来说是非常实惠的。当然，这是后话。

曾庆存院士在作学术报告

这众多的启蒙老师中的一位是陈淑贞老师，她是日寇侵占广州后逃难回家乡阳江的。她学问渊博，对学生的眷眷之心和循循善诱，使我们班每位同学都从内心深处喜欢她、佩服她、爱戴她。特别是她开明、不拘泥于成规习俗。有一次，她藐视早上升旗、训话仪式，带着全班同学，顶着晨雾，一路上有说有笑，豪迈地登上附近的最高峰"望僚岭"（其实是一个山丘，只因那时年纪小，眼前事物无不高耸庞大，自然是高峰了）。站在山顶上，旭日东升，晨雾消散，那山脚下不远处的县城，大街小巷，楼房树木，如栉比一般，历历在目；村外有村，山外有山，绿野平畴，江流如带；还有那高耸入云的远山，空阔连天的大海。得见这样广大的世界，大家指点江山，跳呀，唱呀，现在无法形容当时心田的突然开拓所带来的快乐。忽然间，陈老师指着遥远天边的一个黑点，说那是船，要我们细心凝视它的变化。渐渐地黑点由细变粗，开始露出船桅，终于显出船身。于是她讲起了地圆学说，还讲了岛屿、海盗和日寇的侵略，告诉我们轰炸县城和学校的炸弹就是由海上飞来的日寇水上飞机投下来的。诱导自然而生，在我们幼小的心灵播下自然科学和民族义愤的种子。可是，至今我也不知道她这次犯了校规，是否受到处分。还有一次，是重阳节，她不带我们去热闹的北山看纸鸢比赛，而是到附近山丘，寻找那早已荒芜的"流杯池"，给我们讲述王羲之、兰亭集序和"曲水流觞"的故事。也许她在抒发思古之幽情，也许意在熏陶后辈的风雅——那时我班同学大多数的习字格（北方叫描红）正是"惠风和畅，……曲水流觞"！遗憾的是陈老师只教了一个学期，便又因时局吃紧而匆匆西迁去了。当我得知时，难过了好几天，上课也无精神，夜里频频余音绕梦，迷迷糊糊，喃喃念着"惠风和畅……"，似诗非诗，似叹非叹。确实，她和畅的惠风，经久地吹拂着我脑海的清流，从童年到现在，时而皱起阳春的涟漪，时而掀起连天的波涛。我永远怀念着敬爱的陈老师。可是那次一别，就杳无音信，至今不知她在哪里，祈求上苍赐她长寿！

穷学生的生活确实酸辛。"做牛做马"大约是个形容词，而对于我们（至少是我哥哥）来说，却是实实在在的。春耕时节，家贫无牛，哥哥就执行牛的任务，在前头背荷并手拉着绳索，父亲在后面扶犁倾铧，我则随后伛偻搬泥块。冬天，作为全家主要生计来源的是在一块旱地上种菜。放学回来，兄弟俩的任务是从很远的水塘一担担地挑水，再一勺勺地淋浇到一棵棵的菜根头上。水冷衣单，就着黑夜星光照路，兄在前，弟在后，前呼后应，或者背书有声，也不知经过几十个来回，终于可以收工回家。我是用父亲为我特制的矮桶挑水的，而那护菜用的疏木栏杆式的园门坎，高几与胸齐，要挑着水跨过它绝不是易事，我难免有人仰桶翻之时，双亲知道了也难于加责，而我膝盖上的累累伤痕倒是数不清。然而贫也不减其乐，我们可以享受"三余"。一是"夜者日之余"：每当我们做完作业之后，父亲就拿着小柴枝，在地上练起大字来，他每晚如此，一直坚持到辞世前不久。如若我们还未疲倦已极，他还一边练字一边讲解如何运笔用力，甚至把手示范。尽管那笔势是他匠心独运的工夫，不见于经传，我却是获益匪浅的。二是"阴雨者时之余"：特别是台风过境之日，狂风挟着暴雨，把全家人封锁在屋里。漏串千行，父亲若有所思，忽然说道："久雨疑天漏"，要我们对对，我随即应声道："长风似宇空"，父亲虽不无赞赏地说有几分少年英气，却嫌对欠工整，说："迅雷讶地崩"也许工整些，不过他自己也不满意。继续研谈下去，从自然到人事，父子兄弟竟然联句得诗："久雨疑天漏，长风似宇空。丹心悬日月，风雨不忧穷。"这是我近来回忆起来的，也许后两句的一些字与原来的略有出入，不过当时无记录，父母已亡，也无从考据了。三是"冬者岁之余"：家乡冬耕忙碌，本无余暇，不过时有寒潮，偶有霜冻。风扫寒林，脚踩霜地，身随风栗，脚痛穿心，别是一番风味，不觉成句："寒风刺骨的冬天，各种虫儿地底眠，翠木繁花皆冻死，苍松挺立在山边。"这当然不能说是诗，完全是孩子的幼稚造句，还文言白话混合，不过它是我的第一篇习作，也凝聚了父亲多年的心血。

我和哥哥上了广州，又上了北京，一去五年，无忧无虑……
却不知爷娘思儿心碎、望儿心切（叶雄　绘）

　　父母爱子之心，至深至微，可是我小时候不大能够体会。新中国成立了，县人民政府派车送我们全班毕业生去广州考大学，这是做梦也想不到的事，大家的豪情快意不言而喻。清晨，大家在车站列队，等候上车。突然间，我发现父亲在远远的对面站立着，很久很久，他终于移步至我面前，说声："这是你的墨砚，你忘带了……"便把墨砚塞进我的衣袋中，然后低头走开了。当时我竟然语塞，只是傻低着

曾庆存院士

头。车开了，我看到父亲仍然木立望着我们，直到车转了弯，才见不到他的身影。我和哥哥上了广州，又上了北京，一去五年，无忧无虑，我的身高也由不到 1 米 50 长到超过 1 米 70，却不知爷娘思儿心碎、望儿心切。1957 年留苏前月，我以十分喜悦的心情回乡省亲，傍晚到家乡，只见父母倚门而待。我疾趋而前，这才发现双亲已经白发苍苍了。双亲抚摸着我的头，好久才说了句："你都长这么大了，好想你呀！"他们的声音是控制着的，倒是我忍不住失声哭了起来。我对不住你们呀，双亲！我这时才明白，没有双亲对我异乎寻常的抚育教养，多病、多灾、多难的幼小的我不可能数度化险为夷而生存下来，更不可能学有所成，报效祖国。尔后我也得知，父母亲也曾患过重病，唯以不断呼叫着哥哥和我的名字而自慰，用极不寻常的坚强和毅力，制服了病魔。父母亲的坚韧不拔，永远激励着我。每当我生病或者遇到困难时，父母亲的形象就出现在我面前，总是咬紧牙根，硬顶上，否则就不是曾明耀夫妇的儿子。

曾庆存 气象学和地球流体力学家。1935 年 5 月 4 日生于广东阳江。1956 年毕业于北京大学物理系。1961 年获苏联科学院数理科学副博士学位。曾任中国科学院大气物理研究所所长，兼大气科学和地球流体力学数值模拟国家重点实验室主任、南京大学大气科学系教授。现任国际气候和环境科学中心主任,中国科学技术协会副主席,中国气象学会理事长,中国海洋学会名誉理事长。还曾任中国工业与应用数学学会理事长(1995—2000)。在大气动力学、地球流体力学、数值天气预报理论、气候数值模拟和预测理论、计算数学、大气遥感理论以及自然控制论等方面都有创造性贡献。首创半隐式差分法,提出成功积分原始方程的方法,创立严格保持能量守恒从而完全克服非线性计算不稳定的差分格式;建立了地转适应过程理论;解决地球流体力学中的一些基本问题;提出最佳信息层理论以合理地选择遥感通道;与研究集体设计的有中国创见的大气环流模式、海洋环流模式和气候系统模式,能成功模拟亚洲季风雨带的推移、大洋环流和中国近海环流流系,用作我国跨季旱涝预测;用数值方法模拟河湖沉积和三角洲发育过程。1994年当选俄罗斯科学院外籍院士,1995年当选第三世界科学院院士。获得中国科学院自然科学奖一等奖四项,国家自然科学奖二等奖和三等奖各一项。个人著专著两部、合著多部;发表论文近百篇。1980年当选中国科学院学部委员(院士)。

课余常同父亲到溪边网虾，到菜地捉青虫，到沙滩上用头发钓蚁狮，到麦田里看蚂蚁怎样沿着麦秆爬上去寻找它们的"牛"——蚜虫，用放大镜观察花的雌蕊、雄蕊和昆虫的复眼。

《我的忏悔录》导言

张弥曼

    我的父亲出生于贫苦农家，全凭自己苦读，才脱离农村苦海，在城里觅得一份教书匠的工作。我虽未在农村长期居住，但可能一方面由于我的祖母一直留在农村，另一方面因为受到父亲的影响，对中国农民的诚朴、勤苦和偏狭、悭吝都同样挚爱。在城里又染上了爱面子和讲虚荣的恶习，成为我的同代人中兼有双重烙印的人。

    父亲年轻时曾做过一点"科学救国""教育救国"的梦，虽然后来大多破灭，但在我出生时，无论是对中国的前途还是子女的前途，都还是有信心的。和许多家庭不同的是，我的家庭是严母慈父，母亲虽然自己读书不多，但对我的要求至少在我看来是极其苛刻的，这或许有一半是因为我生性顽劣、游心太重的缘故，本来很容易的功课却费去她很多苦心。幸喜我当时年幼，还没有来得及学会撒谎，每天回家如实向母亲报告学校的情况，使她能一丝不苟地逼我完成作业，责骂和体罚当然是家常便饭。到了初中三年级，不知怎的脑子突然开了窍，念书一下子变得有兴趣起来，母亲过去强迫我打下的基础便帮了我的大忙，使我能比较顺利地一直把书念下去。多年以后，母亲说起小时怎样责罚我，笑得甚至流出了眼泪。少时的

张弥曼院士荣获美国自然历史博物馆研究生院荣誉博士学位

师长、同窗都以为我是一个还算像样的学生，很少有了解实情的，但他们都知道，对于那些天生不爱读书的小孩，我是主张至少要软硬兼施的。

父亲则与母亲十分不同。课余常同父亲到溪边网虾，到菜地捉青虫，到沙滩上用头发钓蚁狮，到麦田里看蚂蚁怎样沿着麦秆爬上去寻找它们的"牛"——蚜虫，用放大镜观察花的雌蕊、雄蕊和昆虫的复眼等都是我们最爱做的事，也使我们兄弟姐妹几个未因战时失学而荒废得太多。我们可以在父亲面前随意发表意见或甚至跟他争吵，而他对我们总是和颜悦色。高兴时，他还会带着很浓重的绍兴口音教我们唱歌。长大以后，我脑子里的权威观念和尊长压力比较淡薄，处事不知轻重深浅，或许与此不无关系。

初进学校，我是既腼腆又不懂事，闯了祸经常只能拙劣地收场，自觉其貌不扬，令人生厌，所以非常自卑。那时我们年级的刘绥时老师（现住大连）还是一位刚从学校毕业，不到 20 岁的女孩子。她对我们班上的同学从不计较出身及外表、智力的高低、驯服或顽劣，一律都热心对待。她很善于发现每个人的哪怕是些许的特长，热情地鼓励。直到今天我还清楚记得，那天刘老师让我站在她的风琴前面唱歌，以后她又安排我独自上台去唱，使我克服怯场的弱点，初次尝

张弥曼院士

到了自信的滋味。40年后，当我和刘老师重逢并问及她此事时，她丝毫不记得。可见，并非我确有什么唱歌的天才，而是她对待每一位她所教过的小学生都认真细致。后来，我又很幸运地遇到了几位给过我很大教益的老师，例如高小时的国文老师范芝如先生，算术老师吴馨先生，初中时的国文老师徐高祉先生（现住南昌）。他们既教我严格地做学问，也教我严格地做人。现在回想起来，我的学问的根底，做学问的方法，和日后待人处世中比较好的方面，都是在小学和初中时我的老师教给我的。

瑞典斯德哥尔摩国家自然史博物馆曾被称为动物学家的麦加，我有幸赶上了瑞典学派极盛时期的尾声，1966年在这里做过一年的工作。瑞典学派以深入细致的形态解剖学研究为特点，有关泥盆纪化石鱼类的研究几乎达到研究现代鱼类的水平，在经典动物学中作出了辉煌的成就。这一学派以苦干著称。记得Jarvik教授曾一再向我介绍40年代即已去世的Save-Soderberg，他在东格陵兰考查时，攀登了十多个小时，到达山顶后所做的第一件事，竟是坐下来作四周地形的素描；打扫清洁的女工早上来到他的实验室，常常发现他工作通宵达旦，不知疲倦。而瑞典学派的创始人Stensio甚至圣诞节晚上也在实验室度过。与我同时或先后在这里工作的法、英、德、美、爱沙尼亚的学者，也大都一星期工作七天。这些学者后来都成为各自国家本行业的主力。当我经过"文化大革命"的长期间断后，于1980年再次回到那里工作时，也是这一学派前辈的刻苦精神支持我克服自己偷懒的天性，在尽可能短的时间内做完预定的工作。那时每逢节日，Jarvik 教授都自己开车接我到他家里去共进节日晚餐，然后再把我送回实验室去继续工作。博物馆里陪伴午夜巡逻人的两只相貌凶恶的大狗，起初冲着我从楼下就远远地一路叫上来，以后天天见面，慢慢熟悉了，它们不但很安静，而且很友好。

人的一生有很多值得回忆、值得记录下来的事情，绝不是短短2000 字所能容纳得了的。除了我十分幸运地得到过许多前辈和朋友们的帮助外，等将来有了时间，我自己最有兴趣写的还是《我的忏悔录》。

张弥曼 古脊椎动物学家。1936 年 4 月 17 日生于江苏南京（原籍浙江嵊县）。1960 年毕业于苏联莫斯科大学地质系。回国后在中国科学院古脊椎动物与古人类研究所任职至今。1982 年获瑞典斯德哥尔摩大学哲学博士学位。1983 年至 1990 年任中国科学院古脊椎动物与古人类研究所所长，1986 年被聘为研究员。1992 年至1996 年任国际古生物协会主席。1993 年至 1997 年任中国古生物学会理事长。1995 年被选为伦敦林奈学会外籍会员。1997 年被选为北美古脊椎动物学会名誉会员。2011 年当选为瑞典皇家科学院外籍院士，同年被授予美国芝加哥大学荣誉科学博士学位。长期致力于脊椎动物比较形态学、古鱼类学、中 - 新生代地层、古动物地理学、古生态学及生物演化的研究。研究泥盆纪总鳍鱼类、肺鱼类和陆生脊椎动物之间的关系，质疑了传统的看法，受到国际同行的重视。还试图阐释中生代、新生代东亚鱼类区系演替规律，探讨东亚真骨鱼类的起源、演化和动物地理分布，对有关地层时代及沉积环境有相应价值。近年来又开始了青藏高原新生代鱼化石的研究，对进一步认识该区的隆起幅度、干旱化、水系变迁及鱼类演化，颇有启迪。1991 年当选中国科学院学部委员（院士）。

汪敬熙先生常告诫我们：神经解剖学是神经生理学的基础，没有丰富的神经解剖学知识，不可能成为一名出色的神经生理学家。他的这番话对我终身的科学事业产生了极大影响。

叩击脑科学殿堂之门

张香桐

回顾我一生的科研生涯，几乎每件工作、每篇论文都与神经系统有关，我似乎与脑研究结下了不解之缘。有人问我，这是否与我少年时期在正定直隶省立第七中学所受的教育有一定关系？因为在那个时代，我们中学毕业的学生中，有不少人后来都成了生物学、医学界颇有成就的人物。例如北京同仁医院前院长张晓楼、上海第一医科大学解剖学教授齐登科、中国人民解放军第一军医大学生物学教授王凤振、沈阳中国医科大学药理学教授李维桢、前东北大学森林学教授郝景盛等多人，都是我们正定七中的同班或前后同学。这可能是由于那时所受教育的结果。

不错，那时我们的确有一位可敬的博物课老师黄敬华先生，他诲人不倦，传授我们许多生物学基本知识，令人终生难忘。例如，是他第一次告诉我们脑干有 12 对颅神经以及它们的结构、起源与功能。他还把这些枯燥无味的解剖学名词编成歌诀，以帮助记忆。这的确给我们留下了深刻印象。但是，这对于我日后选择脑研究作为自己的终身事业，并未产生多大的影响。我之所以作出自己的选择，实另有其他原因。

那是在我读完北京大学两年预科，即将升入本科的时候，同学们组织了一个选择科系的座谈会。大家各言其志，交换意见。按照当时大学规定，预科学生只上基础课，不分科系。到了本科，学生可以根据个人的意愿，自由选择进入什么科系，接受专业训练。所以，这事实上是决定一个人终身事业方向的关键时刻。

大概是受了"五四运动"的影响，那个时代的大多数青年，尤其是北京大学的学生，思想比较解放，似乎人人都胸怀大志，想为人类、为国家做一番事业。在谈到自己的志愿时，没有人斤斤计较个人的吉凶祸福、荣辱得失。在座谈会上，抢先发言的人说，他想进入地质系，并不是因为系里有李四光、葛利普等名教授，而是因为我们生

年逾九旬的张香桐院士还天天学习不断、思考不停

活在地球上，应当首先了解我们立足于其上的这个星体的结构与性质，地底下蕴藏着些什么东西，好开发出来造福人民。地质学是一门伟大的科学，所以他决定入地质系。第二位同学站起来说，他想进入政治系，学会管理国家事务的本领，国家的盛衰兴亡，主要取决于政治，中国社会的当务之急，是政治问题。一个贪污腐败、政治不上轨道的国家，永远也不会富强起来。所以他决定入政治系。第三位同学发言说，他决定入法律系，不论是什么形式的政府，如果不以健全的法律为准绳，是不可能有效地治理国家的。第四位说，他将进入哲学系，哲学研究的对象是宇宙人生，一个人无论做什么事，都必须有哲学思想作为指导，否则将会成为一位只知道吃饭睡觉的庸人。接着有一连串的人争先恐后地申述自己的志愿和作出选择的理由。

我默默地坐在一旁，倾听着各人的言论，陷入了沉思之中。我觉得很奇怪，为什么人们会有如此不同的想法，而且各有一套令人信服的理由。最后轮到我发言了，我毫不犹豫地说："我想入心理学系。我想知道，人是如何进行思维的，又是如何控制自己的行为的。进入心理学系学习，可能帮助我了解这些问题。"我就是如此简单而草率地决定了终身事业的方向。完全没有考虑，当时北京大学心理学系是一个实力最薄弱，而且学生人数最少的系。

在进入心理学系以后不久我便发现：当时心理学系教师们所讲授的那些课程，远远不能满足自己的愿望。通过广泛阅读，逐渐认识到：大脑才是思维的物质基础，要想了解人类是如何进行思维这一问题，首先必须了解大脑的结构与功能。所幸当时北京大学有尊重学生个性发展和自由学习的风气，使我有可能选择自认为最有兴趣而且最有用的其他系科的课程。例如，生物学系的动物生理学和比较解剖学，化学系的定性、定量分析化学等。这些课程对于以后的研究工作，都证明是非常有用的。尤其值得庆幸的是，在北京大学读本科三年级的时候，心理学系改组，请来了一位从美国约翰·霍普金斯大学留学归来的实验心理学家兼神经生理学家汪敬熙先生，由他任系主任之职，我向他表明了我的志愿，得到了他的同情和帮助。他介绍我到北京协和医学院当"特别生"，主要是跟林可胜教授学习生理学，跟医学院学生同班上课并进行实验。对我来说，这无疑是一个重要的培训机会。1934年，汪敬熙先生到中

张香桐院士

央研究院任心理学研究所所长，他带我到心理学研究所任助理员之职，同我的师兄鲁子惠先生一起，都在汪先生帐下工作，学习神经生理学的基本知识，特别是关于神经电生理学方面的知识。汪先生常告诫我们：神经解剖学是神经生理学的基础，没有丰富的神经解剖学知识，不可能成为一名出色的神经生理学家。他的这番话对我终生的科学事业产生了极大影响。

幸运得很，当我到心理学研究所时，著名神经解剖学家卢于道先生已开始在该所建立了一个设备比较齐全的神经解剖实验室，从事关于中国人大脑皮层解剖学研究。经过汪、卢两位先生的同意，我被允许到这个实验室学习神经组织学切片染色技术。这个实验室里有一位杰出的技师赵翰芬先生，他曾在北京协和医学院得到著名神经解剖学家——荷兰人阿里安斯·凯波斯、英国人戴维逊·布莱克等人的技术培养与训练，得其真传，身怀绝技。他无私地、无保留地把他的精湛技艺传授给我。我利用这些技术进行神经解剖学工作，前后达八年之久，打下了坚实的神经解剖学基础。由于有了这个基础，我才

有可能在 1946 年取得耶鲁大学博士学位之前，就已在国际知名的科学刊物（例如《中国生理学》杂志、美国的《比较神经学》杂志、《神经生理学》杂志等）上发表了八篇像样的科学论文，还写出了 100 多页双行距英文打字纸的论文和图片手稿等待发表。可以说，这时我已开始披挂起全副武装来，叩击脑研究的科学殿堂之门了。

张香桐　神经生理学家。1907 年 11 月 27 日生于河北正定，2007 年 11 月 4 日逝于上海。1933 年毕业于北京大学生理系。1946 年获美国耶鲁大学医学院生理系哲学博士学位。历任中国科学院上海生理研究所研究员，上海脑研究所研究员、所长、名誉所长，国际脑研究组织中央理事会理事，美国卫生研究院福格提常驻学者等职。作为中国神经科学的奠基人、国际上公认的树突生理功能研究的先驱者、中国针刺麻醉机制研究的主要学术带头人之一，首先提出大脑皮层运动区是代表肌肉的论点；根据视觉皮层诱发电位的分析提出视觉通路中三色传导学说；发现"光强化"现象，世界生理学界把这种现象命名为"张氏效应"；首次发现树突电位；从事针刺镇痛机制研究，认为针刺镇痛是两种感觉传入在中枢神经系统相互作用的结果。曾任美国《神经生理学》杂志、《国际神经药理学》等杂志的顾问编辑；并被选为比利时皇家医学院外国名誉院士、国际脑研究组织中央理事会理事、世界卫生组织神经科学专家顾问等。1957 年被增聘为中国科学院学部委员（院士）。

反常吸收和特殊辐射揭示了一种新的相互作用机制……到 1932 年，安德孙在宇宙线的云雾室照片中发现了正电子径迹，人们才逐步认识到：三个实验组同时发现的反常吸收是由于部分硬 γ 射线经过原子核附近时转化为正负电子对；而我发现的特殊辐射则是一对正负电子湮灭，并转化为一对光子的湮灭辐射。

我的学问之路

赵忠尧

我出生于 20 世纪初叶。父母亲老年得子，又加上我从小身体瘦弱，对我管教格外严厉。不许我上体操课，从小只是体育场边的观众，体操成绩也因此总是零分。50 多岁时，我迫切感到锻炼身体的必要，才开始学游泳、滑冰，虽然晚了一些，仍然受益匪浅。

15 岁那年，我进入诸暨县立中学读书。四年后中学毕业，报考南京高等师范学校，1920 年秋进入数理化部就读。1924 年春，我提前半年修完南京高等师范学校的学分，次年取得了东南大学毕业资格。

1925 年夏，北京清华学堂筹办大学本科，请叶企孙教授前往任教。他邀我和施汝为一同前往清华。叶企孙教授为人严肃庄重，教书极为认真,对我的教学、科研都有很深的影响。

看到国内水平与国外的差距,我决定出国留学。靠自筹经费于1927年去美国留学。除这两年教书的工资结余及师友借助外,还申请到清华大学的国外生活半费补助金每月40美元。到美国后,我进入加州理工学院的研究院,师从密立根(R. A. Millikan)教授进行实验物理研究。

密立根教授起初给我一个利用光学干涉仪的论文题目,只要两年内得出结果,就可以取得学位。我感到这样的研究过分顺利,把这个意思告诉密立根教授,问他能否换一个可以学到更多东西的题目。密立根教授尽管感到意外,但还是给我换了一个"硬γ射线通过物质时的吸收系数"的题目,并说:"这个题目你考虑一下。"说是这么说,这次实际上是不容我再考虑的。偏偏我过分老实,觉得测量吸收系数还嫌简单,竟回答说:"好,我考虑一下。"密立根教授一听,当场就发火了,说道:"这个题目很有意思,相当重要。我们看了你的成绩,觉得你做还比较合适。你要是不做,告诉我就是了,不必再考虑。"我连忙表示愿意接受这个题目。回想起来,密立根教授为我选择的这个题目,不仅能学到实验技术,物理学上也是极有意义的。这一点,我是在以后才逐渐有深刻体会的。

我便开始作硬γ射线吸收系数的测量。实验室工作紧张时,我常常是上午上课,下午准备仪器,晚上乘夜深人静,通宵取数据。1929年底我将结果整理写成论文,但由于实验结果与密立根教授预期的不相符,他不甚相信。文章交他之后两三个月仍无回音,我心中甚为焦急。幸而替密立根教授代管研究生工作的鲍文(I. S. Bowen)教授十分了解该实验的全过程,他向密立根教授保证了实验结果的可靠性,文章才得以于1930年5月在美国的《国家科学院院报》上发表。

当我在加州作硬 γ 射线吸收系数测量时，英、德两国有几位物理学家也在进行这一测量。三处同时分别发现了硬 γ 射线在重元素上的反常吸收，并都认为可能是原子核的作用所引起的。

吸收系数的测量结束后，我想进一步研究 γ 射线与物质相互作用的机制，打算设计一个新的实验，观察并测量重元素对硬 γ 射线的散射。当时虽然离毕业只有大半年时间了，但由于有了第一个实验的经验，我还是决心一试。我于 1930 年春天开始用高气压电离室和真空静电计进行测量。这个实验一直忙到当年 9 月才算结束。实验结果首次发现，伴随着硬 γ 射线在重元素中的反常吸收，还存在一种特殊辐射，并且还测得了这种特殊辐射的能量大约等于一个电子的质量，它的角分布大致为各向同性。我将这一结果写成第二篇论文《硬 γ 射线的散射》，于 1930 年 10 月发表于美国的《物理评论》杂志。

说来有趣，在评论论文时，密立根教授还记得我挑论文题目的事，说："这个人不知天高地厚，我那时给他这个题目，他还说要考虑考虑。"惹得同事们哈哈大笑。不过，他们对我的论文是满意的。后来，密立根教授在他 1946 年出版的专著《电子、质子、光子、中子、介子和宇宙线》中还多处引述了我论文中的结果。

反常吸收和特殊辐射揭示了一种新的相互作用机制。但是，当时还不能认识到这些现象的具体机理。与我同时在加州理工学院攻读博士的还有安德孙（C. D. Anderson），他对这些结果很感兴趣。到 1932 年，安德孙在宇宙线的云雾室照片中发现了正电子径迹，人们才逐步认识到：三个实验组同时发现的反常吸收是由于部分硬 γ 射线经过原子核附近时转化为正负电子对；而我发现的特殊辐射则是一对正负电子湮灭，并转化为一对光子的湮灭辐射。

关于对我这部分工作的评价，由于种种历史原因，一直没有得到应有的重视。近年来，杨振宁教授花了不少精力，收集整理资料，于1989年写成文章发表，帮助澄清这段历史，我十分感激杨先生为此所作的许多努力。

赵忠尧院士接受采访

1931年"九一八事变"时我尚在国外，国难当头，心中焦急，决心尽速回国，回到清华大学任教。当时，清华大学正在成长过程中，师生全都非常积极。叶企孙教授从理学院调任校务委员会主任。物理系还有萨本栋、周培源等多位教授。这个时期，在极为简陋的条件下，大家齐心协力，进行教学和科研，办好物理系，实为难得。"七七事变"之后第二年，清华大学、北京大学、南开大学三校共同在昆明成立了西南联大，我便在那里任教。这期间，我还与张文裕教授用盖革－密勒计数器做了一些宇宙线方面的研究工作。可是，随着战局紧张，生活变得很不安定。由于物价飞涨，教授们不得不想办法挣钱贴补家用，我自制些肥皂出售，方能勉强维持。加上日寇飞机狂轰滥炸，课程进行中，警报一响，大家就得立即收拾书包，骑车去找防空洞。家人则更是扶老携幼逃往城外。开始人们以为很安全的城墙根很快也被炸为废墟。华罗庚先生甚至被爆炸的土块埋住后逃生。尽管如此，西南联大聚集了各地的许多人才，教学工作在师生的共同努力下一直坚持进行，也的确培养出不少有用人才。1945 年冬，我应中央大学吴有训校长邀请，离开西南联大，赴重庆担任了中央大学物理系主任。

1946 年夏，美国在太平洋的比基尼岛进行原子弹试验。我受中央研究院的推荐，作为科学家的代表去参观。那时中央研究院的总干事萨本栋先生托我在参观完毕以后，买回一些研究核物理用的器材。钱的数目实在太少，不可能购买任何完整的设备，唯一可行的办法是自行设计一台加速器，购买国内难以买到的部件和其他少量的核物理器材。照这个计划，我首先在麻省理工学院学习静电加速器的制造。半年后，为了进一步学习离子源的技术，我转去华盛顿卡内基地磁研究所访问。当时，毕德显先生正准备回国，我挽留他多待半年，一起继续静电加速器的设计，并采购电子学及其他零星器材。毕德显先生为人极其忠厚，工作踏实，又有电子技术方面的实践经验，对加速器的设计工作起了很大作用。半年后，为了寻找厂家定制加速器部件，我又重返麻省理工学院的宇宙线研究室。该研究室主任罗西（Rossi）欢迎我到他那里工作，毕竟他很了解我的工作（1952 年他的专著《高能粒子》中就引用了不少我拍的云雾室照片）。与此同时，我还替中央大学定制了一个多板云雾室，并且买好了与此配套的照相设备。这期间，我曾在几个加速器、宇宙线实验室义务工作，以换取学习与咨询的方便，也换得了一批代制的电子学仪器和其他零星器材，节约了购置设备的开支。制造和购买器材的工作花了整整两年时间。

1949 年，我开始作回国的准备工作。对我来说，最重要的自然是那批花了几年心血定制的加速器部件与核物理实验器材。我利用1949年至1950年初，中美之间短暂的通航时期，重新联系轮船公司，设法将器材从与国民党有联系的仓库里取出来，办理托运回新中国的手续。没想到，联邦调查局盯上了这批仪器设备。他们不但派人私自到运输公司开箱检查，还到加州理工学院去调查。幸好，加州理工学院的杜曼（Dumand）教授为人正直，告诉他们这些器材与原子武器毫无关系。虽然如此，他们仍然扣去了部分器材。就这样，我在美国定制的这批器材装了大小30多箱，总算能装船起运了。

一上船，联邦调查局的人又来找麻烦，把我的行李翻了一遍，偏偏扣留了我最宝贵的物理书籍和期刊（叶雄　绘）

　　1950年春天，我准备返回祖国。但是，这时中美之间的通航已经中止了。经过5个多月的等待，我与一批急于回国的留美人员终于得到了签证，于8月底在洛杉矶登上了开往中国的"威尔逊总统号"海轮。可一上船，联邦调查局的人又来找麻烦，把我的行李翻了一遍，偏偏扣留了我最宝贵的物理书籍和期刊。轮船终于开动了，旅途的磨难还远没有结束。船到横滨，我和另外两位从加州理工学院回来的人（沈善炯、罗时均）又被美军便衣人员叫去检查，硬说我们可能带有秘密资料，随身行李一件件查，连我的工作笔记本也都被抄走了。三个人就这样被关进了日本的巢鸭监狱。同时，台湾当局则派各方代表威胁利诱，说只要愿意回美国或去台湾，一切都好商量。我那时回国的决心已定，反正除了中国大陆我哪儿也不去。直到这一年11月，在祖国人民和国际科

赵忠尧院士

学界同行的声援下，我们才获得释放。经历数月的磨难，我终于回到解放了的新中国。

我在美国费尽心机与艰难购置的一点器材，大都安全运回了国内。1955年装配完成我国第一台700keV质子静电加速器。同时，我们还研制了一台2.5MeV的高气压型质子静电加速器。在建立实验室和研制加速器的过程中，我们不仅学习了真空技术、高电压技术、离子源技术、核物理实验方法，而且在工作中培养了踏实严谨、一丝不苟的科学作风，一批中青年科技骨干迅速成长起来。

另一方面，为了迅速扩大科研队伍，提高队伍的素养，中国科学院于1958年建立中国科学技术大学，我兼任了近代物理系的主任。由于与研究所的密切联系，使近代物理系得以较快地建立起专业实验室，开设了β谱仪、气泡室、γ共振散射、穆斯堡尔效应、核反应等较先进的实验。我们较注意培养方法，尽可能使学生在理论与实

验两方面都得到发展，培养出一批理论实验并重的人才。中国科学技术大学能在短短的时间内与国内一流大学获同等声誉，实非易事，广大师生员工为此作出了艰巨的努力。

"文化大革命"开始，我因"特嫌"而被隔离审查。被审查期间，我写了几万字的材料，也对自己走过的学问之道重新进行回顾与思考。我想，一个人能做成多少事情，很大程度上是时代决定的。由于我才能微薄，加上条件的限制，没有做出多少成绩。唯一可以自慰的是，60多年来，我一直在为祖国兢兢业业地工作，说老实话，做老实事，没有谋取私利，没有虚度光阴。

1973年，中国科学院高能物理研究所成立，看着中国自己的高能加速器破土动工，建成出束，看到中青年科技人员成长起来，队伍不断壮大，真是感慨万千！

回想自己的一生，经历过许多坎坷，唯一希望的就是祖国繁荣昌盛，科学发达。我们已经尽了自己的力量，但国家尚未摆脱贫穷与落后，尚需当今与后世无私的有为青年再接再厉，继续努力。

赵忠尧 核物理学家。1902年6月27日生于浙江诸暨，1998年5月28日逝于北京。1920年考入南京高等师范学校（后改建为东南大学）。1925年东南大学毕业后在清华大学任助教。1927年赴美留学。1930年在美国加州理工学院获博士学位。1929年至1930年曾与欧洲几位学者同时发现γ射线通过重物质时的"反常吸收"。首先在硬γ射线被铅散射的实验中发现"特殊辐射"是正负电子对产生和湮没过程的最早实验证据，是发现正电子的前奏。1931年回国后历任清华大学、云南大学、西南联大、中央大学等校教授。1946年赴美进行核物理和宇宙线研究，并为国内设计和加工质子静电加速器，选购和订制实验设备。1948年当选为中央研究院院士。1950年冲破重重困难回国，并带回当时国内尚无条件制备的上述器材。1964年起当选为第三届到第六届全国人民代表大会常务委员会委员。先后担任中国科学院物理研究所、原子能研究所和高能物理研究所副所长，中国物理学会副理事长、中国核学会名誉理事长。20世纪五六十年代主持建立中国科学技术大学近代物理系。主持建造了中国最早的加速器，并进行原子核反应的研究。为开创中国原子核科学事业和培养核物理研究人才作出重大贡献。发表《硬 γ 射线和原子核的相互作用》等研究论文数十篇，并主编《原子能的原理和应用》等专著。1955年被选聘为中国科学院学部委员（院士）。

我将日常的教学工作看成是认识"人类思维过程"的实践，将教学工作和科研实践联系在一起，一举两得，两不耽误。"自学"费时是它的"弊"，但"自学"中你必须思考多个"为什么"，这对自然规律的深入了解有重大意义。

贵在努力与坚持

周国治

我出生在抗日战争年代，为了避难，随着父母四处迁徙，直到抗战胜利。家父随交通大学由重庆返回上海后，我的学业才安定下来。像我这样一个"生在知识分子家庭，长在交大校园"的人，本应受到良好的学术气氛的熏陶而走上勤奋学习的道路，但是，交大的广阔校园却成了我驰骋玩耍的天地。我玩遍了当时的各种玩艺儿，至于球类运动更是一览无余，连所养的蛐蛐也远近闻名。我不但会玩，还讲究"创新"。在玩"扯铃"时，我会高抛，也能下地。长大以后，一次看杂技演出时发现，我的一些创意居然也出现在专业演员的节目中。我太贪玩了，学习成绩当然不好。学期结束，我们姐弟仨拿了成绩单回家。姐姐和弟弟的成绩都比我好。父亲生气地问："你为什么这样差？"我答道："都及格啦！"这下他更火了，"什么及格？才六七门课，就有四门恰好是 60 分，你真有本事，能考个不多不少，老师给你加的分，你知道吗？"的确，我小学能毕业是老师帮的忙。

我这样差的成绩也不指望念到什么好中学。小学毕业后，就随便在家附近对付了一所初中。直到初中二年级那年，一次偶然的争吵才改变了我的学习面貌。我的成绩差，家庭作业少不了要姐姐帮忙。一天，为了一件小事和她争吵，后来一道几何题做不出又回去找她。这下，她不饶了："你刚才不是还很神气么？怎么现在又来求我啦？"我一气之下，扭头就走。回去憋了好半天，为赌这口气，坚持自己解。终于，我靠自己的力量破解了这道题，尝到了成功的喜悦，明白了贵在坚持的道理。至此，我爱上了学习，爱上了思考，更重要的是它给了我自信心。后来，几何老师给班上同学出了道难题，看谁先解出。当我第一个犹犹豫豫举起手的时候，全班同学都以惊讶的眼神看着我，老师也将信将疑地走到我身旁。当他缓慢地点着头的时候。一块石头从我心中落了下来。期末的几何考试，我得了 100 分。这也是有生以来我的第一个满分。

初中毕业的时候，我的成绩已有了很大的进步，更重要的是对学习有了信心。我报考了上海著名的"南洋模范中学"和"市西中学"。两所学校都录取了我。市西中学原是一所外国人办的学校，后属市立，学费低廉，竞争激烈。为了帮父母省钱，我选择了它。刚来班上时，我的成绩也一般。这不是因为我不努力，而是因为班上"强人林立"，已非以前初中时班上的情况可比，但很快我的成绩就上去了。当时我的兴趣已不限于几何一门课，目标是把每门功课都学好，包括政治课。我把老师讲的内容背个滚瓜烂熟，居然在一次政治考试中获得了全班唯一的一个 100 分。"不是团员政治还给 100 分？"同学们颇有微词。毕业后，此事是否成为批判教条主义的典型事例，我就不知道了。这段时期，我努力学着每一门课程，为编织一个科学家的梦而努力奋斗。

　　高中毕业时正值我国的第一个五年计划，社会主义需要现代化，国家需要钢铁，我以满腔的热情报考了北京钢铁学院。我的第二志愿是上海交大，第三是清华，第四是北大。同学们对我的选择不理解，我的班主任更是摇头。她认为我应该学理，她拐弯抹角地对我说，"钢铁需要强壮的身体，你有吗？你的成绩考清华、北大没问题啊……"其实，我是在家父的鼓励和支持下作了这一选择的。父亲周修齐不善言辞，沉默寡言，个性好强，主张务实，他早年留学德国，专攻机械工程。抗战时期他毅然辞去香港西门子公司的高薪职位，到重庆某兵工厂当研究室主任，以实现抗战救国的愿望。当他看到内地急需电焊条时，立即决定放弃本行而转入焊条的研究，取得了成绩，支援了抗战。在他转入交通大学当教授后，也未曾中断这一工作。家母除了要照顾我们几个小孩外，还协助家父的焊条研究。解放后，母亲罗碧昆任上海大众电焊条厂工程师，曾因研究工作出色而受到《解放日报》载文表扬。焊接其实就是"小冶金"，父亲鼓励我学冶金，实际上是希望我能继承他的事业，把中国的焊条工业搞上去。当时瑞典的焊条最好，他对我说："中国的焊条可以超过瑞典！"但家父的期望和我的打算都被接着而来的运动打乱了。我的第一年的大学生活还比较正常，可是不久，开始了"整风反右"，接着就是大炼钢铁，大跃进，人民公社，"反右倾"……学校停课，下乡下厂，学业基本中断了。再不久，高校又刮起了一阵留校风，将一批学生提前毕业以充实高校的师资队伍。我也被选中了。这样我这个没有大学文凭只学了两年多课程的在读大学生，就进入物理化学教研室，当起了大学老师。

　　进教研室后还不到三个月，领导安排我给下一班学生上物理化学课。因效果不错，接着要我开 10 个班 300 名学生的大班课。表面上很气派，实质上却很空虚。我十分清楚，虽说曾学了两年课，实际上扎扎实实的只学了一年。其他的都是在糊里糊涂的运动中对付过去的。我深深地感到自己的根基不牢靠。这点基础别说难实现那个梦寐以求的当科学家的梦，就连当一名教师都不够格。怎么办？自己补！我为自己拟订了一个庞大的补课计划。可是，这又谈何容易，我已失去了在课堂上接受老师指导的条件，更失去了作为一名学生可以安心学习的时间。我不但有沉重的教学任务，还有那没完没了的政治活动。因此，我的打算是不现实的。我需要挤出时间，需要改变学习计划，需要改进学习方法，以适应这一逆境下的学习条件。

不久，国家进入了三年困难时期，政治活动放松了，给大家更多的休息时间。我抓紧这个难得的机会进行了高强度的自学补课，经常总结并注重学习方法。我将日常的教学工作看成是认识"人类的思维过程"的实践，将教学工作和科研实践联系在一起，一举两得，两不耽误。"自学"费时是它的"弊"，但"自学"中你必须思考多个"为什么"，这对自然规律的深入了解有重大意义。教学工作颇费时，也是"弊"，但在讲清问题中，会对人的思维过程有更深刻的领悟。这些都是日后科学研究中不可或缺的重要资本。

我的狂热补课效果并不好，我越学越觉得知识欠缺，越学越感到自卑。书海无边，这样的补课根本就看不到尽头。人生的价值在创造，学习的目的是为了更好的创造。这样下去行吗？我向自己提出了疑问。

另一方面，虽然教学任务是沉重的，它也给我带来了乐趣。为了让学生弄懂，我必须反复钻研所讲内容，研究它的"客观规律"。在一次为讲解"燃烧半岛"的备课中，我来回琢磨，最后我把教科书中一个定性的示意图，完全定量地表达了出来。一查，原来和前几年别人的一篇论文一模一样。我愣住了，扪心自问：我是不是也能写论文呢？

事实教育了我，不能再跟着书本这样转下去了。教科书中的内容是前人工作的总结，是已发表了的成熟的东西。我必须迅速地赶到科学的前沿，在那里挖掘题目，这样才有意义。为此，我立即转入了对论文与杂志的阅读。从中发现问题和解决问题。正在这时，科学院冶金所的邹元曦院士在《金属学报》上发表了一篇重要的论文，提出了一种由相图计算活度的新方法，但因其中某个困难只能作近似解。我抓住这个困难问题日夜思考，一天夜里我躺在床上思索时，忽然将这个困难和我讲课时的例子联系在一起，一条新思路油然而生。我兴奋异常，半夜两点爬起来记下这一思路。同宿舍的同事被惊醒了，他还以为我在写情书呢！我将写好的稿子寄给了邹先生，他立即给我寄来了热情洋溢的鼓励信，赞扬我的工作"颇具巧思"，并无私地给我提供了他的宝贵数据。我的第一篇论文在他的关怀下诞生了。

初试的成功给我极大的鼓励。我将自己的视野转到了国际刊物，转移到国际前沿问题。魏寿昆院士是我国冶金界的元老。1962年，他出版了一部重要著作——《活度在冶金物理化学中的应用》，该书全面及时地将国外冶金的新动向介绍到国内来。我对其中的两个问题发生了兴趣：一是三元系偏克分子量的计算，二是由相图算活度。前者是当时溶液中的一个关键又基本的问题，有关文章发表在 *Nature* 以及美国化学会刊 *JACS* 等重要杂志上，当时有四种方法，都是以作者的名字命名。在这里，有"固态化学之父"称号的德国 Max Planck 物理化学研究所所长，有美国麻省理工学院的教授，有大公司的研究院院长等国际上顶尖的科学家。俗话说"初生牛犊不畏虎"，我这个刚被一点小小成功而激励的 20 多岁的年轻人也不安分起来，也想往里挤进一个中国人的名字。经过一番苦心思索，用上了从自学中所得到的启发，我成功了！我找到了一个更简便的方法——R 函数计算法。当我正想将这一成果向世界发表的时候，一瓢冷水迎面泼来。史无前例的无产阶级"文化大革命"席卷全国，作为资产阶级知识分子温床的学术刊物一律叫停。我只得将这包文稿封存起来。此后，这篇文稿曾被我从武斗现场抢了出来，与我一起下乡，下厂，疏散……经历了"文化大革命"的风风雨雨。当它作为我的第二篇论文,在《中国科学》上发表时,已整整10个年头过去了!

《中国科学》是当时国内水平最高的学术刊物。我的第二篇论文的发表给了我莫

周国治院士接受采访

大的激励,它驱使我更努力地工作。接着我的第三、第四篇论文又相继在《中国科学》发表。与此同时,我也开始整理"文化大革命"前所做的其他工作。这个时期好事不断,通过答辩,我被破格提升为副教授,通过考试,我又获得了赴美国留学的机会。1979年底,我到了美国麻省理工学院,指导老师是国际最著名的冶金学家。这时我才知道,原来他的一名研究生也想创造一种新的关于三元系偏克分子量的计算方法,但三年过去了,无功而停。当他们知道我的工作后,组内的人自然对我刮目相待,并用我的工作指导了他们的博士论文。

改革开放后给了我更大的活动天地,我的研究课题向着更深更广的方面发展。我提出的普遍化的几何模型解决了30多年来几何模型的固有缺陷,为计算的全盘计算机化创造了可能,并已被国内外专家学者应用到合金、炉渣、半导体、熔盐等多个领域里,并以"周氏模型"和"周氏方法"编入多本高校教材中。我系统地研究了氧离子迁移的规律,我们团队提出的专利比美国的同类项目快了数10倍。我们还在材料中扩展了新的研究领域。我们迎来了改革开放的春天。

回顾我这段自学和做学问的人生历程,到底是哪些性格特征对

周国治院士

我产生过影响。现在，我将其归纳为如下十六个字："创新欲望，自我激励，化弊为利，稳步前进"。

我的创新意识是比较强的。俗话说，"熟能生巧"，我的理解是"熟"后掌握了规律就能创新，就能生"巧"。而我个人的性格是，还未"熟"就想到去创新。这种强烈的"创新欲"在我孩童时代的玩耍中就有所呈现。"自我激励"是我一生动力的源泉。一道几何题的破解激励着我改变了整个学习面貌。第一篇论文的突破，激励着我向国际先进水平冲击……成功的反馈会不断地上紧我持续向前的发条。青年人有创意，但不可避免地会有这样或那样一些缺点，简单的一两句否定的话就可以将它扼杀在摇篮中；青年人又处于一个思想很不稳定的时期，些微的打击就会葬送他的一生。我的"自我激励"是对抗这种"伤害"的保护甲。"不要对年轻人太多的指责，还是给他们多点鼓励吧，他们正是需要动力的时候啊！"我从切身的体会中了解到此话的真谛。

我是一个比较能面对现实的人，顺利时不会忘乎所以，困难时也不会自暴自弃。我常常觉得自己是很不幸的。我有一个很厚实的中学基础，因错生时代，枉费了大学学业。但我又觉得我还是很幸运的，我从自学中获得了书本上学不到的东西，激发了我的创造，做出了些许成绩。我也埋怨过自己生不逢时，荒废了青春的大好时光，年过四十，还是一名助教，但我又觉得自己是一个幸运儿，经过努力，我还是来到举世闻名的高等学府，如今又跨入了受人仰慕的科学殿堂。应当怎样去解释这种矛盾的心态和结果。一切都因为我能"面对现实"，能"化弊为利"。在一个自然和社会中生存的人，无法选择他周围的环境。人总会有不顺心的时候。不能期望天天都有"馅饼自天而降"。不要怨天尤人，"化弊为利"是一条最现实的出路。

在我成长的过程中，总的说来还是不顺的时候多。在人生最富创造力的二三十岁的黄金时期，我是在农村、工厂和运动中消磨掉的。在这样的逆境中，我必须脚踏实地的一步一个脚印地走。我这种"脚踏实地，稳步向前"的性格与其说是基因所致，还不如说是环境所逼，但它在我的学术成长中起到了重要的作用。

总结这四条，我认为"创新欲望"应是根本，"自我激励"是动力，而"化弊为利，稳步向前"则是方法。在求知上，我是一个从不满足的人，但在现实生活中，我总能平和地对待一切。不管是跑还是爬，重要的是一步一步地向前行进。我的信条是：智商可高可低，环境有优有劣，只要看准目标，一竿子插到底，总能做出成绩。

周国治 冶金材料学家。1937年3月25日生于江苏南京，籍贯广东潮阳。1960年7月毕业于北京钢铁学院。现任北京科技大学冶金与生态学院教授，上海大学材料科学与工程学院教授、博士生导师。曾在美国麻省理工学院等多所大学任客座教授和合作科研。长期从事熔体热力学和冶金过程理论方面的科研与教学。导出了一系列各类体系的熔体热力学性质计算公式，概括出一些原理。提出的新一代溶液几何模型，解决了30多年几何模型存在的固有缺陷，为实现模型选择和计算全计算机化开辟了道路。系统地研究了氧离子在电解质中的迁移，为描述和模拟各类冶炼过程打下了基础。先后发表论文400余篇，取得20多项中国专利，3项美国专利。曾任第十届全国政协委员，中国金属学会常务理事，国际矿业冶金杂志编委等。1995年当选中国科学院院士。

好奇·好学·好思·好问

（代后记）

古今中外谈名人读书的出版物浩如烟海，而专集中国科学院和中国工程院院士们如何读书与做学问的倒是鲜见。由于院士们都是在科学技术上作出很大贡献的成功人士，研读他们的读书经以及治学之道应该是有些启示与兴味的。

《院士怎样读书与做学问》既集了院士们亲身经历的读书与做学问的故事，也呈现了他们认为该怎样读书与做学问的感悟。有的院士讲述青少年时代贪婪地阅读了大量看似与日后所从事专业不相关的人文读本的经历；有的侃侃而谈艰难成长程途中没有正常求学机会，只能靠日后持续自学以成才的体验；有的甚至少小淘气，考试屡屡不及格，而一旦懂事便奋起直追而有所作为的故事……

怎样读书与做学问，其实也是怎样求学与治学。求学，既要探讨方法，但又不能限于方法，也应该探讨一下为学之动力，即为什么而学，是为满足兴趣抑或为了日后派点用场？从院士们讲述的故事中兴许能获得一点启示。前辈们的求学之道一般都认为要照顾兴趣，有了兴趣才有克服困难的勇气与毅力，毕竟是学自己所喜欢的学问么。至于怎样治学，也并非仅以简单的方法论来探求，缺乏目标必然失之动力。

求学讲究博，方能立志成才，诚可谓"博学而笃志"；治学讲究严，即善问与深思，"切问而近思"。这两点是古代书院和今日大学求学治学所追求的目标，甚至被有些高校立为校训。

丘成桐先生曾讲过一段很有意味的话：做学问首先要有兴趣，有了兴趣才能发现科学的美，有了兴趣就没有克服不了的困难。而梁实秋先生却对学问与趣味特别有思辨，认为：我们在求学时代，应该暂且把趣味放在一旁，耐着性子接受教育的纪律，把自己锻炼成为坚实的材料。而学问的趣味，留在将来慢慢享受，一点也不迟。

院士们的讲述，既非文学创作，也非应用性写作，只是兴之所至的自我回顾或有感而发的随笔；不是说教，也没有任何功利。其中不少故事是他们受邀为勉励学生成才而作的科学人文演讲。书中既有他们在一位恩师、一本好书的指点或引导下走上科学道路的难忘回忆；也有他们从自身求学与治学之道中，悟出的成功或者失败的经验与体会……这些有感而发的话语，确实是真情的流泻，既从容真切，又透彻醇厚。

要说明的是，学问的范围何其之广，而人生之旅却如此短暂，可谓人生有涯而学无涯。要想有所作为，就必须尽可能多地继承和发扬人类千百年来所积累的思想财富，其聪明之道便是成为一名多读书读好书的终身学习者。知识更新很快，死守学校中获得的那一点，终会被淘汰。院士们从自身的成长历程已深深地诠释：人的精神风貌的振奋、人的素养的提高、人的气质的高贵、人的创新才能的开凿……总之，人的和谐发展，都有待于人的总体学养的提高，而学养提高的最佳途径恐怕还是好读书。读书不是为了"黄金屋""颜如玉"，读书本身就是一种目的、一种享受。只有吸收了古今中外的知识信息与方法技巧，方能使精神不再贫乏，生命不再孤独，毕竟一个人的精神发育史就是他的阅读史。这也正如国家最高科学技术奖获得者——叶笃正院士所朴实表白的："读书是一切脑力劳动者的基本生活状态，什么时候都离不开书。"

真正的人才，首先应该是一名一辈子爱读书的终生阅读者。毕竟人类精神文明的成果在很大程度上是以书籍形式保存下来的，而读书就是享用这些成果，能将其据为己有并再予以创新的最简捷的过程，既陶冶了情操和品格，又成就了一位文明人。因此，读书成了院士们终生的嗜好，成了他们日常生活与科研生涯中不可须臾离开的组成部分，几天不读书就会手足无措、寝食不安。这种好读的惯性，使他们浑身舒坦，激发了天性中的好奇心与求知欲，开启了科技创新的顿悟与灵感，这就是他们读书的最大收获。

当然，他们会有选择地在书海中选择自己钟爱的书来读。作为一名成功的学者，读什么当然全凭兴趣，他们不会被媒体牵着鼻子，花大量时间去读那些畅销书或时尚书。因为他们明白：只有扎根于人类文明之精神土壤上的人，才是真正的文明人。也就是说，作为成熟的终身阅读者，他们都具有敏锐的思考力、判断力、选择力与鉴赏力，他们会挑选一些较有品位的书来读，甚至专注于阅读经典。他们明白读书并不在于批发知识，而在于提高人格。对照院士成才的轨迹，可以明白，一个人在青少年时代若没有养成良好的读书习惯，以后期盼成才就比较困难了。

从院士讲述的读书故事中我们还发现，他们都花大量时间既读"正书"，也读"闲书"。尤其是读"闲书"能使疲劳的大脑得到积极的休息，常能在不经意间收获"柳暗花明又一村"的喜悦。毕竟在自己的专业里院士们是精的，就从这"精一"始，经过博的陶冶，从而达到"一览众山小"的境界。我们这里所谓的"闲书"也是经过挑选的人类文化精品，只不过不是自己专业领域的著述而已。顾颉刚先生（1893—1980）曾告诫我们："研究学问，应当备两个镜子：一个是显微镜，一个是望远镜。显微镜是对自己专门研究一科用的，望远镜是对其他各科用的。我们要对自己研究的一科极尽精微，又要对别人研究的各科略知一二，这并不是贪多务博，只因为任何一门学问都不是独立的缘故。"值得一提的是，当今的网络阅读也是一种博览的好途径。随着技术的进步与网民素养的提高，网络上也确有不少精品值得一读。再说，网络阅读的参与性令读者感到"零距离"，能实现"阅读、表达与分享的一体化"。但这一点，在我们所选编的院士文稿中暂时还没能得到体现。当然，除了阅读有文字的古今中外名著外，院士们还留意阅读实践和社会这部活的大书。读万卷书，行万里路。

院士们的学生时代，大多数都属于既是"学好"的学生，还培养了"好学"的素养。"学好"与"好学"，看似仅是两字排列顺序的不同，却是两种不同的"学"的境界——是被动接受抑或主动地探索。"学好"只是对学习已有知识的一种度量，而"好学"则是对学习未来知识的一种态度；"学好"是为了掌握知识，而"好学"是为了探索问题；"学好"得到的是答案，而"好学"追求的是真理。提倡"好奇、好学、好思、好问"的风气，是我们选编本书的最大立意。

可是，当下我们的学生还是普遍地在为升学或就业，迫使自己一味地读一些味同嚼蜡的教辅，为能有漂亮的卷面分数而拼命追求表面光鲜的"学好"。这种功利阅读，必然心气浮躁，且不说效率低下，连读书胃口也会倒掉，最令人心痛的还是让宝贵的青春年华白白地流逝了。当然，也不该跟着媒体头头转，把宝贵的光阴浪费在读那些乱七八糟的流行读物上。因为媒体的着眼点往往是文化消费，有时还会受出版商业利益的驱动，畅销书中不乏畅销的"垃圾"。为此，不妨对照院士所讲的读书故事，静心思考一下，该怎样将自己的读书目标从"学好"升格为"好学"。

书读多了，总会有模模糊糊光亮照耀的感受，而且还会在人生之路的跋涉上，伴随着阅读觉得眼前越走越亮堂，天地越走越宽广——这才是真正有心阅读带来的切肤感受。能感受到光亮，心也就不会坠入黑暗。

从院士们讲述的故事中，我们还能体会到既要"仰望天空"，更要"脚踏实地"，这是理想与现实的关系，也反映在读书与做学问的有机联系之中。读书是做学问的铺垫，但读书不等于做学问。只有在读书后能不断深入思考并质疑，才是真正跨入了做学问的门槛。当然，做学问应当有各自的气度、风格和面貌，否则会流于形式，甚至滑入只想"书中自有黄金屋"的名利争夺之中，那样的学问必然覆上铜臭。清朝的书画大家郑板桥（1693—1765）对学问很有见地："学问二字，须拆开看，学是学，问是问。今人有学而无问，虽读万卷书，只是一条钝汉尔。"读书好问，一问不得，不妨再三问，问一人不得，不妨问数十人，要使疑窦释然，精理并露，故其落笔晶明洞彻，如观火观水也。这同《论语·为政》中的"学而不思则罔，思而不学则殆"有异曲同工之妙。

学问之道就在于"有学有问"。会学不一定会问，只有会问方能发现问题、解决问题，也才能有所创新、有所突破。在"学"与"问"的关系中，必然需要一个"接口"，那就是"思"。不"思"，哪来"疑"？无"疑"哪来"问"？不"问"，哪来创新？这个逻辑链条很清晰。因此，在"学"与"问"中，千万不能忽视"思"的"媒介"作用，"思"的这种"接口"或者说是"过程"。当然，这种"思"必须是解放思想的"思"，不戴桎梏、没有任何羁绊的自由之"思"，方能达到有效的"问"。会问也是学以致用的最好体现，否则虽满腹经纶，只是一座会走路的书橱而已。这里所谓的"问"，有确实不懂，需要弄明白的"请教"；更着重的倒是"质疑"，没有质疑哪来创新？做学问不是走小道，玩小技巧，需要有多方面的支撑，有丰富内涵的气质，否则是断然不行的。那么，该向谁问？当然是向上、向下、向里、向外，向专家，向老师，向同学，向书本，也向网络……广泛地问，深刻地问，于广大处、细微处、关键处，刨根究底地问。问且又思，学更深入，循环向上，无止境也。

做人要正直，做事要认真，做学问要勤奋。因此，惜时、专心、苦读成了做学问的通式；能耐得住寂寞和清贫，是做学问的平和心态；不急于求成，不为名利所累，更是做学问的风格。王国维先生（1877—1927）在《人间词话》中说：古今之成大事业、大学问者，必经过三种境界——"昨夜西风凋碧树，独上高楼，望尽天涯路"此第一境也；"衣带渐宽终不悔，为伊消得人憔悴"此第二境也；"众里寻他千百度，蓦然回首，那人却在灯火阑珊处"此第三境也。本书中我们处处可寻到"三境界"的踪影。作为一名学问者，要高瞻远瞩认清前人所走的路，把总结和学习前人的经验作为做学问的起点；应深思熟虑，就像热恋中的情人那样不惜一切地追求自己的目标；没有千百度的上下求索，不会有瞬间的顿悟和理解。只有在学习和苦苦钻研的基础上，才能功到自然成，一朝顿悟，发前人所未发之秘，辟前人所未辟之境。

诚如读书，做学问也是要有些技巧的，但一味追逐技巧而又容易缺失人文内涵，也很容易滑入歪门邪道。本书中，院士们都没有把做学问看作是雕虫小技，在他们所讲述的故事中，往往都呈现出拳拳之心背后的人文情怀。这种人文是指他们所受到的传统文化的陶冶、品行的修炼、全球的眼光、科学的跨界。诚因如此，他们的读书与治学才是这样的工稳，有内涵有品位。毕竟他们的学问之道是在涵养自身的同时，能更好地去赏天地之美而寻万物之理。因此，他们的人生也都充满书卷气，充满大气候；也才能劳而有获，修成正果。不是吗？不少院士埋头学问几十年，人不知而不愠，平心静气地生活在自己的科苑中。可以说，他们把毕生的精力都花在科学事业上了，尤其是那些搞"两弹一星"的科学家，隐姓埋名，就像入定的修行者，为中华民族能自立于世界民族之林，皓首穷经，大力协作，严格要求，精益求精，唯独没有半点功利和浮躁，社会对他们有什么评价，全然顾不上了。正因为他们能耐得住寂寞，才成就了大气候。这种为中华崛起，为"两弹一星"修成正果的"定力"，才是一种做学问的自信。这样的故事在本书不少篇目都得到了展现。相信对当下的大众创新和经济转型也应该会有启示。

《院士怎样读书与做学问》与《院士怎样做人与做事》是姊妹篇，后者是整理采访笔记和图片，以第三者的口吻讲述院士为人处世故事的。若以这种方式来采写院士们求学治学的故事，恐怕工作量会大得惊人，且不说许多泰斗级大家都已谢世，无从采访；就是健在的，他们的求学治学方法各异，要能较完整勾勒出这个群体的思想与理念，实在是我们力所难及的。在苦苦思考之际，我们有幸读到了不少院士们关于求学与治学的一些报告、对话、随笔，他们饶有兴趣讲述的生动故事，给我们的编纂带来了柳暗花明。我们相信，采用院士自述文稿理应更有说服力，更真实且生动，而且还能钩沉已故院士当年的精彩思想，使本书涵盖面也更广，还能把求学治学与做人做事相沟通。凡健在的院士，我们将整理好的文稿连同他们的学术简历，都呈院士本人审改确认并授权，而已故院士的文稿尽可能采用二十多年前所选编的院士自述中的相关文字，当年也是经过他们审定的。因此《院士怎样读书与做学问》与《院士怎样做人与做事》应该是相得益彰，能勾画出院士怎样做人做事做学问的轮廓。

《院士怎样读书与做学问》收入了 60 多位院士近 70 篇文章，全书以院士姓名的汉语拼音排序。接受出版社内行的建议，从读者方便阅读出发，我们将书稿编成上下两个分册。要在这样两本小册子中道尽院士的求学与治学之道，限于我们的学识和阅读面，肯定是做不到的，至多也是挂一漏万。因此，本书仅作一个"引子"，我们恳请有志于传播院士科学精神、科学思想、科学方法和科学风貌的读者给予指正，提供选文线索，让本书再版时能收入更多更精彩的院士怎样读书与做学问的故事。当然，若能对其中某位院士的话语感兴趣，从而更深入地将他们作为学习、仿效甚至赶超的对象，那就更有意义了。这也许是我们幼稚的奢望吧。

编　者
2016 年夏

方正怡 科学写作者。先后求学于上海市位育中学（初中）、南洋模范中学（高中）和复旦大学新闻学院广播电视新闻学系，获文学士学位。曾获"中国大学优秀学生奖学金"，作为国际交流生被选拔赴新加坡国立大学传播与新媒体系学习新媒体管理。2010年获香港中文大学全球传播专业文学硕士学位，由于学业优良，被授予杰出研究生称号而载入"院长荣誉录"。求学期间是《青少年科技报》记者、复旦大学电视台编辑和记者。曾在上海电视台电视新闻中心、香港文汇报上海新闻中心、新华社亚太总分社（香港）等新闻媒体实习与工作，署名播出和发表几十篇报道和文章。业余创作相继在《人民日报》《新华月刊》《自然》《中华读书报》《群言》《文汇报》《上海画报》等媒体发表。主要论著有《春天在布拉格》《院士怎样读书与做学问（合著）》《院士怎样做人与做事（合著）》《科学梦与成才路——院士的故事（合著）》等，还主编了《科学人生——院士的故事》《上海人家在香港》等。曾在奥美（iPR Ogilvy）香港任财经公关，目前在香港中银国际从事证券交易方面的工作。

方鸿辉 编审（二级教授）。1949年生于上海，祖籍浙江慈溪。1982年大学物理学专业毕业后获理学士学位。同年被分配到上海教育出版社从事编辑工作。先后获得国家及省部级奖四十余项，其中包括中国图书奖、中宣部"五个一工程"奖、对外宣传银鸽奖、上海科技进步奖（第一完成人有三项）、上海优秀图书奖、上海市科普"四个一百"奖及优秀科普作品一等奖等。先后发表近百篇（本）专业论文、编辑论文、科普文章和图书评论，大力倡导并努力实践科普作品的本土化和原创性。主要论著有《肝胆相照——吴孟超传》《LOGO语言入门》《微电脑·BASIC语言·趣味程序》《创造性物理实验》《中学物理教育学（合著）》《牛津物理教材（汉译）》《创新物理实验》《院士怎样读书与做学问（合著）》《院士怎样做人与做事（合著）》等，主编了《KPK物理高中教程》《新英汉学科词汇（五册）》《百年科技的回顾与展望》《科学梦与成才路——院士的故事》《博学笃志 切问近思》等。

曾获上海市优秀科普编辑、上海首届优秀中青年编辑（八位之一）、上海优秀科普作家、上海新闻出版系统先进工作者、上海"大众科学奖"等荣誉，2007年被中国科普作家协会表彰"在科普编创工作方面有突出贡献的科普作家"，2014年被评为"中国好编辑"、上海科普教育创新奖一等奖等。目前兼任上海科普作家协会副理事长、上海科学与艺术学会理事等社会工作。